EL NUEVO MATRIMONIO ES ADULTERIO
A MENOS QUE ...

El nuevo matrimonio es adulterio
a menos que ...

Lo que dice la Biblia acerca del divorcio
y su resultado

David Pawson

Anchor Recordings

Copyright © 2015 David Pawson

El derecho de David Pawson a ser identificado como
el autor de esta obra ha sido
afirmado por él de acuerdo con la
Ley de Copyright, Diseños y Patentes de 1988.

Traducido por Alejandro Field
Revisado por María Alejandra Ayanegui Alcérreca
Esta traducción internacional en español se publica por primera vez
en Gran Bretaña en 2015 por
Anchor Recordings Ltd
72 The Street, Kennington, Ashford TN24 9HS

Ninguna parte de esta publicación podrá ser reproducida o transmitida
de ninguna forma o por ningún medio, electrónico o mecánico,
incluyendo fotocopia, grabación o ningún sistema de almacenamiento
o recuperación de información, sin el permiso previo
por escrito del editor.

A menos que se indique lo contrario, las citas bíblicas son tomadas de
La Santa Biblia, Nueva Versión Internacional® NVI®© 1999 by
Biblica, Inc.®
Usada con permiso. Todos los derechos reservados en todo el mundo.

**Si desea más del material de enseñanza de David Pawson,
incluyendo DVDs y CDs, vaya a
www.davidpawson.com
PARA DESCARGAS GRATUITAS
www.davidpawson.org
Libros de David Pawson disponibles de
www.davidpawsonbooks.com
info@davidpawsonministry.org**

ISBN 978-1-909886-86-5

ÍNDICE

Prólogo   7
1. LO QUE DIJO DIOS   11
    Creación (Génesis 2)
    Mandamiento (Éxodo 20)
2. LO QUE DIJO MOISÉS   15
    Apoyo (Éxodo 21)
    Virginidad (Deuteronomio 22)
    Divorcio (Deuteronomio 24)
3. LO QUE DIJERON LOS PROFETAS   25
    Oseas 1-3
    Jeremías 3
    Malaquías 2
4. LO QUE DIJERON LOS ESCRIBAS   31
    Shammai
    Hillel
    Akiva
5. LO QUE DIJO JESÚS   35
    Explicación (Lucas 16, Marcos 10)
    Excepción (Mateo 5, 19)
    Ejemplo (Juan 4, 8)
6. LO QUE DIJO PABLO   73
    Duelo (Romanos 7)
    Celibato (1 Corintios 7)
    Ministerio (1 Timoteo 3)
7. LO QUE HA DICHO LA IGLESIA   91
    Primitiva
    Imperial
    Medieval
    Reforma
    Moderna
8. LO QUE DEBERÍAMOS DECIR NOSOTROS   103
    No apelar a precedentes
    Sino aplicación de principios:
    PECADO; ARREPENTIMIENTO;
    PERDÓN; DISCIPLINA
Epílogo   121
Apéndice ¿Hizo Jesús alguna "excepción"?   125

PRÓLOGO

Estaba viajando por tren a Londres. La última parada para levantar pasajeros era Clapham Junction. Un hombre subió al vagón en el otro extremo, se sentó, y después de mirarme fijamente durante unos minutos vino caminando por el pasillo y se sentó frente a mí. Según recuerdo, la conversación fue la siguiente:

"Creo que lo conozco. ¿Es usted un predicador?".

"Sí. ¿Dónde puede haberme visto?".

"Hace quince años, alguien me llevó a Guildford para escuchar a un predicador, creo que era usted".

"Es casi seguro. ¿Es usted cristiano?".

"Sí. [pausa] ¿Puedo preguntarle algo?".

"No le garantizo una respuesta, pero ¿cuál es la pregunta?".

"Bueno, es así. He dejado a mi esposa y ahora estoy viviendo con otra mujer".

"¿Por qué dejó a su esposa?".

"Porque conocí a esta otra mujer y me enamoré de ella".

"Entonces, ¿qué quiere saber?".

"Si me divorcio como corresponde y me caso con esta otra mujer, ¿estaría bien a los ojos de Dios?".

"No. Me temo que no".

"Entonces, ¿qué sería lo correcto?".

"Dejar a esta mujer y volver con su esposa".

"Pensé que diría eso".

"Creo que es lo que le diría Jesús si se lo preguntara".

Esto produjo un silencio entre nosotros. A esta altura, el tren estaba disminuyendo su velocidad al llegar a Waterloo, y me di cuenta de que tal vez tenía un minuto o dos más con él. Quería avivar ese temor del Señor que es el principio de la sabiduría, así que volví a iniciar la conversación:

"Tiene una elección difícil que hacer".

"¿Cuál es esa elección?".

"Puede vivir con esta mujer durante el resto de esta vida o con Jesús durante toda la próxima, pero no puede hacer ambas cosas".

Sus ojos se llenaron de lágrimas, pero saltó a la plataforma y desapareció entre la multitud. Sentí algo de lo que tiene que haber sentido Jesús cuando el joven rico lo dejó. Oré para que nunca pudiera olvidar lo que le había dicho hasta que se hubiera arrepentido.

Pero, ¿estaba yo en lo correcto al decir lo que dije? ¿Estaba diciéndole la verdad o estaba tratando de asustarlo con una mentira? Lo que él realmente quería era una seguridad de que su pecado no afectaría su salvación. Era algo que yo no podía darle.

Este mismo tema había surgido un mes o dos antes, pero esta vez no con una persona sino con varios miles. Yo era el orador principal en las sesiones vespertinas de Spring Harvest, en Minehead, y se me había encomendado explicar la carta de Pablo a los Filipenses. Llegué al versículo 11 del capítulo 3 ("así espero alcanzar la resurrección de entre los muertos"), y señalé que ni Pablo mismo daba por sentada su salvación futura, sino temía quedar "descalificado" él mismo (1 Corintios 9:27). Respaldé esta afirmación con textos de cada parte del Nuevo Testamento. Luego hablé de quienes "juegan con Dios porque están seguros de tener un boleto para ir al cielo", y cité como ejemplo a los cristianos que dejen a su cónyuge por otra persona, sea que simplemente "convivan" con la nueva pareja o pasen por el divorcio y un nuevo casamiento. Muchos siguen concurriendo a la iglesia, dicen que Dios está bendiciendo su nueva relación y esperan ir al cielo. Pero el pecado sigue siendo pecado, sea en creyentes o en incrédulos. Con Dios no hay favoritismos. Somos justificados por la fe, pero seremos juzgados por las obras.

¡Estas breves declaraciones casi provocaron una batahola! Uno de los hombres que estaban en la plataforma se puso de pie de un salto cuando terminé mi exposición y gritó una y otra vez: "Nada nos podrá separar del amor de Dios, que es en Cristo Jesús", mientras pedía a los músicos que nos guiaran a todos en una canción basada en este versículo.

Entonces, uno de los principales patrocinadores dirigió una oración por mí y por mi pobre esposa, "porque David no siempre entiende bien las cosas". La situación fue salvada por Roger Forster, quien tomó el micrófono y dijo que deberíamos estar pensando en el mensaje, y no en el mensajero. Hizo un llamado, que tuvo una enorme respuesta, liderada por siete hombres llorosos. No alcanzaban los consejeros para manejar la situación, y el hombre que estaba a cargo me dijo después que ellos nunca habían visto un arrepentimiento tan real en la sala de consejería.

La cinta grabada de mi exposición fue retirada de circulación, y después de muchas protestas fue liberada, pero solo después de agregarle un "comentario aclaratorio" que decía que yo no había podido moderar mis comentarios debido a la falta de tiempo, lo cual simplemente no era cierto.

¡Así concluyó mi carrera en Spring Harvest! El doble golpe de cuestionar el concepto de "una vez salvo, siempre salvo" y acusar a cristianos que habían abandonado a su cónyuge por otro de vivir en pecado resultó ser demasiado. Me retiré con ganas de escribir dos libros que abordaran estos temas vitales para la creencia y la conducta.

El primero fue *Una vez salvo, ¿siempre salvo?*, publicado por Anchor Recordings en 2015 (el Prólogo hasta aquí ha sido tomado de él, con permiso). Ahora, quince años después, he aquí el segundo. Ha sido el más difícil de escribir, y de ahí la demora. Se han publicado muchos otros libros sobre el mismo tema a ambos lados del Atlántico. He leído la mayoría de ellos, he contactado a algunos de sus autores y he tenido discusiones edificantes con otros. Pero la mayor demora se ha debido, no a esta investigación sino a la búsqueda de mis propias convicciones. Creo que no necesito decir que el punto de vista presentado aquí es mío y de nadie más. Tampoco es definitivo, pero espero que ayude a los lectores a arribar a sus propias conclusiones.

Un comentario final. Quienes expresan reservas con relación a este tema han sido acusados de ser severos y crueles, en el peor de los casos, y duros e insensibles, en el mejor de los casos. Si su propio matrimonio es estable, se les dice que no pueden entender el trauma de uno que ha fracasado. Con tristeza, puedo asegurar a los lectores que nuestra familia es una de una cantidad creciente que han tenido que enfrentar el dolor, por cierto la agonía, de matrimonios rotos entre parientes y amigos cercanos. Escribir este libro solo puede incrementar el costo emocional, pero mi preocupación por el deterioro de los estándares dentro de la iglesia debe anteponerse aun a eso.

1

LO QUE DIJO DIOS

El sexo fue idea de Dios. Por lo tanto, fue una "buena" idea. Pero fue también una idea poderosa, que sería un gran factor de influencia en las relaciones humanas.

Difícilmente sorprenda que la Biblia tenga tanta información acerca del uso y el abuso de esta fuerza física y emocional, de una punta a la otra, de Génesis a Apocalipsis. Todos los dones de Dios pueden ser usados para ayudarnos o lastimarnos, a nosotros mismos o a los demás. Sería sorprendente si el Buen Señor no nos hubiera indicado cómo manejarlos. El propósito de este volumen es explorar esas instrucciones.

Comenzamos por donde empieza la Biblia, con la creación del espacio exterior, el planeta Tierra y todo lo que hay en él. Es significativo que es producto de diez mandamientos ("que exista") desde el trono del cielo, ejecutados por el Espíritu de Dios en la tierra.

Si bien las plantas y los animales eran capaces previamente de la reproducción, mayormente sexual, la división de la raza humana en dos géneros aparece en el contexto de ser portadores de una imagen divina única, separadamente como varón y mujer y conjuntamente como dos personas en una.

Debemos hacer una pausa para considerar cómo y cuándo se dio a conocer la historia de la creación. Ocupa un lugar único por su carácter poético y matemático (vea el capítulo 2 de mi compendio *Abramos la Biblia*, Anchor Recordings 2015). Sin embargo, no parece que hubiera sido conocido antes del tiempo de Moisés. Por ejemplo, ni Adán ni Abraham guardaban el día de reposo. Dado que no había nadie presente para observar los comienzos, tiene que haber sido producto de una revelación divina en algún punto posterior, y los indicios sugieren que el que la recibió fue Moisés.

Pero el estilo del relato cambia con la introducción de la geografía y la historia (a partir de Génesis 2:4), y la memoria humana comienza a jugar un papel en el relato, una facultad más eficiente en los días previos a la escritura. Toda la perspectiva pasa de lo celestial a lo terrenal. Mientras que la creación del sexo está en el primer contexto, las primeras instrucciones al respecto están en el segundo (2:24-25).

Aparecen en el contexto de la clonación de Eva para ser una ayuda adecuada para Adán. Ella es "hecha" después de él, de él y para él; los tres puntos son retomados en el Nuevo Testamento, al igual que la autoridad de él al darle a ella su nombre. Luego vienen las implicaciones para la relación entre ambos, que definen el matrimonio para todos los tiempos.

Primero, es una relación *heterosexual*, entre varón y mujer.

Segundo, es una relación *monógama*, entre "un hombre" y "su esposa", entre un varón y una mujer. La poligamia nunca estuvo en la mente de Dios.

Tercero, es una relación *permanente*. Con Adán y Eva habría sido eterna, si su pecado no hubiera introducido la muerte, pero aun entonces fue "hasta que la muerte nos separe". Unirse involucra "dejar" una familia (a partir de los hijos de Adán en adelante) y "fundirse" para formar otra. Este último concepto es similar a estar "pegados"; dicho crudamente, ¡el esposo y la esposa están "clavados" el uno con el otro!

Cuarto, es una relación *combinada*. Los dos pasan a ser "una carne". Esto es mucho más que cuerpos conectados. La pareja es una entidad. De una manera más profunda que física han sido unidos en un vínculo de por vida.

Estos dos versículos son cruciales para el resto de las escrituras. Tanto Jesús como Pablo los citan textualmente como la fuente principal para su enseñanza sobre asuntos sexuales, como veremos.

Antes de dejarlos, debemos señalar que es un error referirnos a esto como el "ideal" de Dios, una palabra que sugiere un objetivo al cual apuntar en vez de un estándar que se espera alcanzar. "Intención" es una palabra mejor, ya que sugiere el patrón establecido para todos.

Estamos incluyendo en este capítulo una referencia a lo que se ha llegado a conocer como "los Diez Mandamientos". Ya hemos sugerido que pueden haber sido revelados a la misma persona a la que se le dio la historia de la creación, Moisés, y, por lo tanto, aproximadamente en el mismo tiempo. Además, fueron escritos por Dios mismo, con su propio dedo (Éxodo 31:18; cf. Juan 8:6). Ésta es solo una forma en que las "Diez Palabras" se distinguen del resto de la legislación mosaica (ver capítulo 2).

El hilo que recorre los diez mandamientos es el respeto. Respeto por el carácter único, el nombre y el día de Dios. Respeto por los padres propios y las vidas, matrimonios, propiedades y reputaciones de otras personas. Solo el décimo trata con la motivación interior más que la conducta exterior.

A nosotros nos preocupa el séptimo, que declara sacrosanto el matrimonio. Las relaciones sexuales están limitadas estrictamente al cónyuge de la persona. No hay ninguna referencia directa aquí a la promiscuidad prematrimonial;

eso se trata en otra parte. Pero hay una prohibición absoluta del mal comportamiento extramatrimonial, como uno de los actos fundamentales de rebelión contra el Creador y Redentor de Israel (v. 2). Esto plantea la pregunta acerca de si Dios buscaba una aplicación más amplia de estas leyes básicas que al pueblo que había rescatado de la esclavitud en Egipto y la nación que fundaron.

En base a la conformidad entre los pueblos del pacto, del antiguo y el nuevo pacto, Israel y la iglesia, hay una suposición generalizada de que estos mandamientos se aplican a ambos. Han sido usados en catecismos y han adornado muchos interiores eclesiásticos para sustentar la ética cristiana. Por cierto, se hace alusión a la mayoría de ellos en el Nuevo Testamento.

La excepción parece ser el cuarto, relacionado con la observancia del día de reposo (ej: Romanos 14:5-8; Colosenses 2:16-17). Sin embargo, el séptimo claramente se mantiene.

Muchos creen que fueron hechos para ser un fundamento de toda la legislación cívica también. El rey Alfredo los convirtió en la base para la ley inglesa, que terminó por influir en la cultura "judeocristiana" de la sociedad occidental, haciendo que el asesinato, el adulterio, el robo y el falso testimonio fueran crímenes además de pecados. ¡No era tan fácil hacer esto con el décimo!

Sea como fuere, está claro que el que inventó el sexo ha rodeado su ejercicio con restricciones simples pero severas, que pueden resumirse como castidad absoluta fuera y fidelidad absoluta dentro del matrimonio.

2

LO QUE DIJO MOISÉS

Puede parecer extraño considerar las leyes de Moisés en un capítulo diferente de los Diez Mandamientos, tan asociados con su nombre. Pero hay claras distinciones entre ellos, y ésta es una forma de llamar la atención a ellas.

Ya hemos señalado que Dios escribió los diez mandamientos y Moisés escribió los seiscientos tres restantes, los primeros en la cima del monte Sinaí y los últimos a su pie y en otras partes del viaje hacia la tierra prometida de Canaán. Podemos decir que Dios dio los diez *a* Moisés y el esto *por* él, aunque todos estaban dirigidos al mismo pueblo.

Podríamos decir que Moisés está preocupado principalmente por la interpretación y la aplicación de los diez principios básicos y en particular los seis últimos, si bien introduce mucho material nuevo. Pero la principal diferencia yace en la forma en que las leyes se expresan. Hay una clara tendencia desde el estilo "apodíctico" hacia el "casuístico", para darles sus nombres técnicos. Es decir, del categórico: "No harás . . ." al condicional: "Si haces esto . . . entonces . . ." Hay un cambio de las prohibiciones absolutas a las regulaciones relativas, una consideración de las circunstancias. Esto implica entrar en muchos más detalles.

Un punto adicional a señalar es la naturaleza holística de "la ley" o "la Torá" (= instrucción), como se lo denomina en hebreo. Cubre la totalidad de la vida: comida, vestimenta, matrimonio, guerra, etc. Además, no hay ninguna división entre los aspectos "sagrados" y "seculares" de la vida. Las leyes ceremoniales, civiles y morales están integradas en un único sistema legal. Por eso, romper cualquiera parte de ella es romperla en su totalidad (Deuteronomio 27:26; cf. Mateo 5:19; Gálatas 3:10; Santiago 2:10). La mente occidental quiere clasificarlas y tratarlas de manera separada.

Si bien los diez mandamientos fueron claramente dirigidos al individuo "Harás/no harás . . .", las leyes mosaicas claramente tiene una inclinación colectiva. La vida social del pueblo está siempre presente, al igual que la responsabilidad de la comunidad para administrar el castigo por infringirlas. El objetivo es, claramente, presentar una sociedad santa, sana y, por lo tanto, feliz a un mundo que no logra hacerlo.

Hay varias sanciones que deben ser aplicadas. La única retribución que no se menciona es el encarcelamiento.

Con estas observaciones preliminares en mente, vamos a los tres pasajes que han sido citados en conexión con el debate sobre el divorcio y el nuevo matrimonio. En vez de ocupar espacio para reproducirlos en su totalidad, se pide al lector que tenga una Biblia abierta al costado y que lea el texto apropiado *antes* de leer los comentarios aquí.

Éxodo 21:7-11
El contexto es la esclavitud femenina, la venta de una hija para ser una esposa. Si su esposo no está satisfecho con ella, no puede venderla en el mercado abierto, donde podría ser comprada por un extranjero (como ocurrió con José). Pero podía ser "redimida", comprada por un precio, por otro compatriota. O podría ser entregada a un hijo para ser su esposa, pero en este caso se le debían dar los plenos

derechos de una hija. Una tercera posibilidad es quedarse con ella y casarse con otra mujer también (Moisés no prohibió la bigamia). En este caso, la primera igual deberá tener plenamente satisfechas sus necesidades de comida, vestimenta y sexo. En caso contrario, tiene el derecho de quedar libre, sin ningún pago.

Es este último punto que ha sido tomado recientemente en un tratado cristiano sobre el divorcio. El argumento es el siguiente: si una esposa esclava podía quedar libre si sus necesidades de alimento, vestimenta y sexo no eran satisfechas, sin duda cualquier esposa hoy, incluyendo una esposa cristiana, podría reclamar lo mismo. Si ésta es una deducción sólida, entonces varias "excepciones" válidas han sido agregadas a la única de Jesús. En una palabra, el incumplimiento puede liberar a una persona *de* un matrimonio y *para* otro.

Deuteronomio 22:13-30
Este pasaje no es mencionado frecuentemente en debates sobre el divorcio, pero veremos (en el capítulo 5) lo pertinente que es, si bien su referencia primaria es a la promiscuidad prematrimonial.

En la cultura israelita, un novio esperaba que su novia fuera una virgen. No esperaba pagar por un artículo de segunda mano. La penalidad por descubrir que había sido "estafado" de esta forma era muy severa: ella debía ser lapidada. Pero esta clase de "justicia dura" debía ser protegida del abuso.

Una falsa acusación podía ser usada como una excusa para huir rápidamente de una relación de la que un hombre se había arrepentido. Era el deber del padre de la novia proteger la reputación y la vida de su hija, informando la situación a las autoridades cívicas y produciendo evidencia de su virginidad (sábanas con sangre por un himen roto).

El castigo para el novio mentiroso era pagar una compensación sustancial al padre de la novia y seguir casado con la joven mientras ella viviera. Él podría haberla divorciado simplemente porque "dejó de quererla" (ver Deuteronomio 24 en la próxima sección), pero ahora no podrá hacerlo nunca.

El siguiente caso que se trata es el adulterio, donde un hombre tiene relaciones con la esposa de otro hombre. Cuando son descubiertos ("sorprendidos") *ambos* deben morir y ambos *deben* morir. No puede haber ningún perdón de parte del esposo "inocente" (contrastar con Juan 8:3-4).

La siguiente situación da una perspectiva vital de la cultura judía. Note que "una virgen comprometida para casarse" *ya* es la "esposa de un hombre" y el sexo con ella constituye adulterio. El desposorio en este tiempo era tomado mucho más seriamente que el compromiso hoy, y una separación antes de haber consumado la relación era un "divorcio" (cf. la situación de José y María; Mateo 1:18-19). Un "adulterio" de este tipo también exigía la muerte de los dos involucrados.

Por supuesto que todo dependía de si el sexo matrimonial era consentido o forzado. Si ocurría en las condiciones de espacio limitado de un pueblo y la mujer no había gritado pidiendo ayuda, algo que hubiera sido escuchado fácilmente y al que alguien habría respondido, se suponía que había cooperado voluntariamente. Si había ocurrido afuera en el campo, donde los gritos no habrían sido oídos, se le daría el beneficio de la duda y se suponía que había sido violada por la fuerza.

Si no hubiera estado ni siquiera comprometida para casarse, la pena de muerte no era impuesta a ninguno de los dos. Sin embargo, si eran descubiertos, debían casarse y el novio debía pagar al padre de la novia una cantidad adecuada.

El pasaje termina con un matrimonio de "consanguinidad" prohibido, a saber un hombre y la esposa de su padre (que podría o no haber sido su verdadera madre; ver 1 Corintios 5:1).

Los principales puntos a notar en todo esto es que la mayor parte del sexo prematrimonial conlleva la pena de muerte, y si una de las partes está comprometida constituye adulterio.

Deuteronomio 24:1-4

A diferencia del pasaje anterior estudiado, éste siempre surge en el debate, principalmente porque es la única referencia directa al divorcio y nuevo matrimonio en el cuerpo de legislación mosaica.

Es importante señalar lo que *no* dice sobre el tema. Ni ordena ni prohíbe el divorcio. Simplemente acepta que los hombres se divorciarán de sus esposas y se casarán con otras mujeres. Lo que menciona es el método usual de darle un certificado (si indica la razón de esto no se nos dice, pero con él ella tiene una prueba de que está libre para volver a casarse) y la saca de su residencia. Eso es todo lo que se requiere. Note que en el caso citado ella encuentra un segundo esposo, que también la despide de manera similar.

Todo lo que está prohibido es un tercer matrimonio con su primer esposo. Ella no puede volver a él, sino que debe encontrar otro. Volver al original sería ofensivo para Dios y de alguna forma contaminaría a todo el país (solo podemos especular de qué manera exactamente, pero debemos creer a Dios en esto).

¡Y eso es todo! Es bastante asombroso que la discusión de la aplicación de este pasaje se centre, como ha ocurrido, en las razones para el divorcio. La atención no está en este tema, y probablemente no estaba en la mente de Moisés en absoluto. Tampoco hay indicio alguno de que Moisés hubiera limitado el divorcio a las razones mencionadas.

La razón dada para el primer divorcio ha sido resaltada. Es una frase oscura, no fácil de traducir. Tiene cierto tono ofensivo —indecente, impura, desnuda—, y podría referirse a alguna mancha o deformidad solo visible para el esposo luego del matrimonio. Pero nadie sabe realmente, y no importa realmente. Lo que podemos decir con seguridad es que no se refiere al adulterio, para lo cual la única acción que podría ser tomada es la muerte, no el divorcio. Lo que convierte la discusión en superflua es que el motivo de su segundo divorcio, igualmente aceptado, fue solo por la "aversión" de su esposo hacia ella. Y no tenemos ninguna idea de por qué no le agradaba.

Podríamos dejarlo aquí, pero escribas judíos posteriores no se conformaron con hacerlo. Como veremos (en el capítulo 4), ellos usaron este texto con una intención que el texto nunca tuvo, para debatir los fundamentos legales para el divorcio, aun con Jesús mismo. Los cristianos han seguido sus pasos, especialmente quienes creen que estas leyes se aplican a la iglesia además de Israel, una suposición que debemos considerar antes de cerrar este capítulo. Entretanto, podemos resumir esta sección diciendo que había una única situación en la que Moisés prohibía el nuevo matrimonio luego del divorcio: con un ex esposo.

Note que no hay ninguna mención de que una mujer divorcie a su esposo. La posibilidad no era considerada.

* * * * *

Como cierre, debemos plantear dos temas generales. El primero es la importancia de este tipo de regulación de prácticas sociales. El segundo es hasta qué punto las regulaciones en el pacto "antiguo" son vinculantes en las prácticas del "nuevo".

Los males sociales o las simples prácticas sociales con efectos dañinos necesitan ser controlados por cualquier sociedad, aunque solamente sea para restringir su influencia. Pero las disposiciones legales para su restricción de ninguna forma sancionan su legitimidad. Por ejemplo, otorgar licencias a prostíbulos o casinos de ninguna forma es un apoyo de los beneficios sociales de la prostitución o el juego. Es una forma de controlar, o aun restringir, dichos hábitos. Es un reconocimiento de que la naturaleza humana caída querrá hacer estas cosas de cualquier modo, y tener algún control público y no ninguno es el menor de los males. Éste es un argumento que ha sido promovido por algunas personas que abogan por abortos por manos profesionales en vez de recibir abortos clandestinos en manos de aficionados. Pero toda legislación de este tipo corre el riesgo de la suposición ingenua de que "si es legal, debe ser correcto".

Necesariamente, tal legislación social deberá involucrar un compromiso moral. Pero aceptación no significa aprobación. Moisés "aceptó" cosas como la esclavitud y la poligamia, que eran parte del tejido social de su tiempo y, por lo tanto, dictó leyes para su control, pero de ninguna forma implicaba el favor divino. Esto se cumple especialmente con relación a su tratamiento del divorcio. Veremos que Jesús mismo trazó una distinción entre la intención de Dios y la concesión de Moisés a la debilidad humana (Marcos 10:5). Debemos tener cuidado de hacer lo mismo.

Esto nos lleva a otra cuestión, el uso cristiano de las leyes de Moisés. ¿Cuán vinculantes son para los discípulos de Jesús? La opinión varía entre plena y ninguna pertinencia, dependiendo a su vez de si la relación entre Israel y la iglesia es de continuidad o de discontinuidad. Detrás de esto está el tema fundamental de cómo se relaciona el "Antiguo" Testamento con el "Nuevo". Los nombres mismos de las dos partes de nuestra Biblia contienen una respuesta errónea, dado que "testamento" y "pacto" son sinónimos, lo cual sugiere que hay solo dos pactos en las escrituras. Hay, por lo menos, cinco pactos principales: noético, abrahámico, mosaico, davídico y mesiánico. Los cinco se mencionan en ambos Testamentos. Solo uno es llamado "viejo" (el mosaico) y ha sido reemplazado por el único llamado "nuevo" (el mesiánico).

Por esta razón, el pacto mosaico establecido en el monte Sinaí es considerado en el Nuevo Testamento como temporal (Gálatas 3:17-25) y obsoleto (Hebreos 8:7-13). Lógicamente, esto significa que la legislación mosaica ha excedido su fecha de vencimiento. ¡Pero los cristianos no siempre son lógicos!

La mayoría ha tomado los diez mandamientos muy en serio, por cierto, incluyéndolos en los catecismos y en los servicios de comunión, grabándolas en las paredes de iglesia. Sin embargo, han prestado poca atención a las más de seiscientas ordenanzas agregadas por Moisés.

Pocos o ninguno propondrían el regreso a los castigos que él proponía. Más de una docena de pecados merecían la pena capital, incluyendo la actitud rebelde de un hijo. La retribución física exacta (ojo por ojo, diente por diente, mano por mano, quemadura por quemadura, herida por herida, moretón por moretón: Éxodo 21:24) era exigida para una lesión seria. Aun podría cortarse la mano de una mujer si había tomado los genitales de un oponente durante una lucha con su esposo.

Muchos requisitos se ignoran completamente, desde usar ropa con material sin mezcla a una licencia de doce meses para soldados para la luna de miel. Teniendo en cuenta que Moisés exigió que todos prometieran guardar todas las leyes todo el tiempo, es sorprendente que alguien asumiera tal compromiso, si bien los israelitas lo hicieron (Éxodo 19:8). Pero el Nuevo Testamento no contiene ningún juramento de este tipo relacionado con las leyes de Moisés. Por cierto, la objeción combativa de Pablo a circuncidar a sus conversos gentiles era que los obligaría a "practicar toda la ley" (Gálatas 5:3). Sostenía que los cristianos estaban tan "muertos" a "la ley" como Cristo mismo lo fue después de su crucifixión (Romanos 7:1-6, un pasaje que volveremos a considerar).

Por lo tanto, parece inconsistente, si no hipócrita, que los cristianos usen "la ley" de manera selectiva, citando algunos de sus requisitos pero no otros. Esto ocurre especialmente cuando se busca establecer un argumento bíblico para un punto de vista, por ejemplo, contra la actividad homosexual. Lo más que puede establecerse de esta forma es que Dios lo desaprobaba en Israel; pero hay amplia evidencia de una aplicación más amplia en el Nuevo Testamento. Y ésta es la prueba. Toda legislación sostenida por Jesús o los apóstoles sigue siendo aplicable. Ha pasado a ser la "ley de Cristo".

La ley de Moisés con relación al divorcio solo es pertinente a una discusión cristiana en la medida que ilumine el trasfondo judío contra el cual los fariseos desafiaron a Jesús a revelar su postura. Los cristianos no están "bajo la (esa) ley".

3

LO QUE DIJERON LOS PROFETAS

Israel era una esposa y Dios (Yavé) era su esposo. Ésta era la perspectiva básica que subyacía mucho de lo que decían los profetas. Ellos veían al pacto hecho con la nación incipiente en Sinaí como análogo a una boda, con votos hechos por ambas partes. Para una vívida descripción metafórica de la relación desde el nacimiento de la nación hasta su cortejo, lea Ezequiel 16:1-14. Los judíos han visto a Cantar de Cantares como una analogía, aun llevándola a una alegoría, de su relación de parentesco con el Todopoderoso.

Esta relación daba al vocero de Dios un símil práctico cuando el primero de los diez mandamientos fue quebrantado e Israel "fue tras" otros dioses. Se convirtió en una esposa infiel, hasta una "prostituta", pero sobre todo una adúltera (ver Ezequiel 16:15-34 para una dura acusación). ¿Qué implicaría esto para el matrimonio, y qué significaría para los matrimonios humanos? Consideramos a tres profetas y su mensaje.

Oseas 1-3
Los profetas eran llamados a menudo a demostrar la "palabra del Dios" en sus vidas, además de declararla con sus labios. Jeremías tuvo que permanecer soltero y moriría joven. Ezequiel perdería a su esposa pero no debía hacer luto por ella. A Oseas tal vez le tocó la peor parte. Debía

casarse con una mujer de moral y reputación dudosas. Sería el padre de tres hijos, no todos suyos. Luego ella lo dejaría y volvería a las calles de donde la había sacado. Pero no debía dejarla allí sino que debía ir a buscarla, rescatarla de su rufián, traerla de nuevo a casa, disciplinarla y reanudar las relaciones conyugales. Después de hacer esto, estaría en condiciones de compartir de manera convincente cómo Dios se sentía con relación a su pueblo.

Fue el último profeta en ser enviado a las diez tribus de "Israel" en el norte, luego de que se separaran de "Judá" en el sur y antes que fueran invadidas y deportadas por Asiria. Siguió a Amós, con su mensaje de justicia y juicio. Es significativo que la apelación final de Oseas al arrepentimiento se centrara en la misericordia. Era un grito de corazón de un amor no correspondido (11:1), pero cayó en oídos sordos.

Sin embargo, en la propia experiencia de Oseas había, claramente, una esperanza de recuperación. El "sabueso celestial"[1] volvería a cazar a su pueblo. El matrimonio podría ser y sería restaurado. Esto sugiere que, llamado a ser santo como él es santo, el pueblo de Dios también debe mantener la puerta abierta a la reconciliación cuando sus parejas son infieles.

Jeremías 3:1-10

A primera vista, este profeta parece tomar la postura completamente opuesta a Oseas. Las diez tribus de "Israel" en el norte han desaparecido a esta altura en la cautividad. ¡Y el Señor dice que les ha dado un certificado de divorcio y las ha despedido! Esto suena a una disolución final de cualquier matrimonio entre ellos.

Créalo o no, los cristianos han usado esto para justificar

---

[1] Se refiere a una poesía del poeta inglés Francis Thompson (1859-1907), "The Hound of Heaven" (El sabueso celestial)

sus propios divorcios. "Si Dios puede hacerlo, también nosotros". Antes de sacar una conclusión apresurada, debemos mirar más detenidamente el pasaje y su contexto.

La atención está enfocada ahora en las dos tribus restantes en el sur, Judá y Benjamín (juntos asumieron el nombre conjunto de la tribu mayor, Judá, de donde vendría la palabra "judío"). Habían visto lo que había ocurrido a su hermana "Israel", desterrada por su comportamiento "adúltero", pero Judá era igual de malo, si no peor, con la misma falta de temor del juicio de Dios y, por lo tanto, enfrentaban el mismo destino: divorcio.

Pero la metáfora comienza a venirse abajo cuando examinamos el contexto. No es un paralelo exacto de la ruptura de un matrimonio humano. El pasaje abre con una referencia a las regulaciones mosaicas en Deuteronomio 24 que ya hemos visto, señalando que contaminaría la tierra si una mujer volviera a su esposo después de haber estado con otros hombres. Hablando humanamente, hubiera estado muy mal que Dios volviera a tomar a cualquiera de las hermanas, Israel o Judá, en una relación "de pacto" que ambas habían traicionado.

Sin embargo, Dios es Dios. Él puede actuar por encima y más allá de las leyes hechas para el comportamiento humano. Él hubiera vuelto a tomar a Israel si ella hubiera "vuelto", es decir, si hubiera respondido al pedido verbal y visual de Oseas. Dios hasta dice que "pensó" que lo haría, pero no lo hizo (Oseas 2:7; ¡no discutiremos las implicaciones de este comentario con relación al conocimiento previo divino!).

La sección que sigue (Jeremías 3:11-4:1) da amplias pruebas, con su pedido repetido de "volver", de que Dios esperaba que Judá cambiara de opinión y se arrepintiera antes que fuera demasiado tarde. Pero ella era tan obstinada y rebelde como su hermana, y también fue "despedida" a Babilonia.

Final de la historia, o lo hubiera sido en cualquier otro "divorcio". La historia del pueblo de Dios, Israel, habría terminado aquí. Pero no fue así. Dios es Dios, y a menudo hace lo inesperado. Antes que terminara su ministerio, Jeremías había prometido que el Señor los traería de vuelta del exilio. "Porque yo sé muy bien los planes que tengo para ustedes —afirma el Señor —, planes de bienestar y no de calamidad, a fin de darles un futuro y una esperanza" (29:11). Dios puede haber removido a los judíos de su tierra, pero nunca los había rechazado (Romanos 11:1). Ellos podrán romper sus votos matrimoniales con él, pero él nunca romperá los suyos con ellos (Levítico 26:44; Jeremías 30:11; Ezequiel 16:60 y muchas otras referencias). Su certificado de divorcio es temporal. Su "nuevo" pacto será para Israel y Judá (Jeremías 31:31).

Malaquías 2:13-16

A esta altura, los hijos de Israel habían vuelto del exilio en Babilonia, aunque de ninguna forma todos ellos. Habiendo pasado toda una vida ahí, muchos no estaban dispuestos a dejar su seguridad social y comercial para enfrentar los rigores de reconstruir una nación desde su capital arruinada, Jerusalén. Sus líderes, Esdras y Nehemías, también estaban preocupados por una recuperación moral y espiritual. Entre otros alejamientos de las normas de Dios, había un aumento de matrimonios mixtos, con cónyuges de fuera del pueblo elegido, prohibido expresamente en la Torá de Moisés. Esdras lo confesó con vergüenza (ver capítulo 9 de este libro) mientras que Nehemías lo enfrentó bastante drásticamente (ver capítulo 13 de este libro), arrancando el cabello de los hombres y exigiendo que la práctica cesara de inmediato. Pero había continuado.

Malaquías fue el último profeta enviado por Dios hasta Juan el Bautista, unos cientos de años después. Lejos de recuperar algo parecido al elevado estado espiritual bajo el rey David, la nación estaba en una seria declinación. La desidia en los hábitos de creencia y conducta estaba erosionando la religión, la moralidad y la prosperidad nacional general. El profeta confrontó la permisividad específica en sacerdotes y pueblo, desde ofrecer animales cojos y enfermos para el sacrificio a no traer todos los diezmos. Entre otros cambios, había dos relacionados con el matrimonio.

Como ya hemos mencionado, el matrimonio mixto con no judíos seguía ocurriendo. Malaquías fue más lejos que el "arranque de cabellera" de Nehemías pidiendo sobre los hombres la excomunión divina del pueblo escogido (2:12).

Pero había otro mal que estaba empezando a surgir, y que estaba destruyendo la vida familiar. El divorcio estaba aumentando rápidamente. El Señor había estado presente como testigo del compromiso que las parejas jóvenes se habían hecho entre sí. Llama a esto un "pacto", como los que él mismo había hecho con Israel. Así como los que se habían casado con gentiles estaban "profanando el pacto" (2:10-11), los hombres que divorciaban a la "esposa de su juventud" (claramente se habían cansado de ellas) estaban "profanando su pacto" con ellas. Era una traición.

Es significativo que apela más allá de Moisés, a la intención y acción originales de Dios (en Génesis 2:24), como lo haría Jesús mismo más adelante. Note que agrega que los dos han sido uno "en espíritu" además de en la carne. La relación sexual en los humanos es más que una unión física. Es el espíritu que necesita ser guardado para evitar la destrucción del matrimonio.

"Yo aborrezco el divorcio", dice el Señor. Ésta es su última palabra sobre el tema en el Antiguo Testamento. Es una declaración muy fuerte, una expresión emocional además de racional de aborrecimiento. Una acción de este tipo es completamente contraria a un Dios que guarda pactos. Esto es seguido inmediatamente por su aborrecimiento del "que cubre de violencia sus vestiduras", que podría referirse al abuso físico y mental que puede preceder a un divorcio. Está todo seguido por otra advertencia de cuidarse en sus espíritus y que no sean traicioneros.

Finalmente, note que Dios está preocupado por los hijos en tales situaciones. Es menos probable que sean hombres y mujeres de Dios si sus padres se divorcian.

4

LO QUE DIJERON LOS ESCRIBAS

No es fácil darse cuenta de que una hoja en blanco entre el Antiguo y el Nuevo Testamento representa una brecha de varios cientos años. Hubo libros judíos escritos durante este período, pero hay una ausencia notable de una frase que aparece casi cuatro mil veces en las "escrituras" judías, a saber: Así dice el Señor (que, en letras mayúsculas, significa "Yavé", el nombre de Dios en hebreo). Se encuentran en algunas Biblias, notablemente en ediciones católicas, bajo el título: "Apócrifos", que significa "ocultos".

Durante el intermedio inacabable no tuvieron ninguna revelación fresca. No había "visión" (Proverbios 29:18). Se vieron obligados a volver a meditar en las palabras pasadas de Dios, en lo que ya les había dicho. Los registros serían combinados en un "canon" (regla) de escritura para el año 100 a.C.

Surgió una nueva clase de hombres en Israel, llamados "escribas", porque copiaban a mano estos documentos para ser usados por el pueblo. Pero también comenzaron a "explicarlos": qué significaban y cómo debían ser aplicados a la vida. Fue el principio de lo que ahora llamamos "judaísmo rabínico", que parece dar más atención y aun autoridad a las exposiciones y aplicaciones que al texto mismo, especialmente cuando estos fueron reunidos en documentos como la Mishná y el Talmud. Las escrituras, o al menos sus primeros cinco libros, fueron llamadas la "Torá" o el "Pentateuco", pero eran las "tradiciones" lo que se estudiaba en las yeshivá (seminarios para capacitar a rabinos).

Inevitablemente, las opiniones diferían. Se desarrollaron "escuelas" de pensamiento rabínicas en cuestiones de doctrina y de ética, creencia y conducta. Algunas eran más conservadoras en su perspectiva, y otras eran más liberales. Los grupos quedaron asociados con los nombres de sus principales eruditos. Sus puntos de vistas se fueron filtrando a las personas comunes a través de sus rabinos locales y se debatían acaloradamente, especialmente cuando la vida diaria se veía afectada. Ostensiblemente, era una discusión sobre "la ley" de Moisés, pero en realidad era un debate acerca de "las tradiciones de los ancianos" (notaremos en el siguiente capítulo que Jesús no cuestionó "lo que han leído" sino "lo que escucharon decir").

El divorcio y, por lo tanto, el nuevo matrimonio después, ocupaban un lugar elevado en las lista de temas de disputa pública. Estaba extendido en la sociedad griega y romana, y cada vez era más frecuente entre los judíos, aun en algunos de los grupos más religiosos, como los fariseos, que estaban entre los más dispuestos a debatir sus fundamentos válidos.

Había un acuerdo general entre los protagonistas. Todos parecían concordar en que el divorcio era permisible y liberaba a ambas partes para casarse con otra persona. Típicamente, solo consideraban al divorcio como el privilegio del esposo, no de la esposa; en cualquier caso, él podía hacerlo sin ninguna solicitud a un tribunal público, pero ella no.

Hay otra tendencia que debe ser señalada. La pena de muerte para el adulterio había sido reemplazada por el divorcio, tal vez debido a que el poder de ocupación romano se reservaba el derecho de la pena capital para sí (aunque compare Juan 8:5 y Hechos 7:58 con Juan 18:31). Pero seguía siendo obligatorio. Una esposa infiel *debía* ser despedida; no podía ser perdonada.

Hasta aquí había un acuerdo general, aun al punto de que debía haber una razón adecuada para la acción. Aquí el consenso desaparecía. El debate se centraba en cuáles eran los fundamentos válidos y cuáles no. El tema se centraba en dos eruditos, cada uno de los cuales decía interpretar y aplicar correctamente la legislación mosaica en Deuteronomio 24.

Shammai

Este rabino tomaba una perspectiva estricta, afirmando que el único fundamento permitido por Moisés era el adulterio de la esposa. Ésta era la cosa "indecorosa" que justificaba su despido con un certificado. Ninguna otra cosa era lo suficientemente seria como para disolver el matrimonio. No hace falta decirlo, ¡pero su opinión no era la más popular!

Pero ya hemos visto que ésta era una cosa que no podía haber sido la razón deuteronómica. La pena obligatoria para el adulterio era la lapidación. Sin duda, esto dejaba libre al esposo para volver a casarse, como lo haría también el divorcio posterior.

Sin embargo, la afirmación de que el adulterio justifica el divorcio difícilmente podría apelar a Moisés o a la Torá. Es una "tradición humana" (Marcos 7:7-8).

Hillel

Este rabino tomaba una perspectiva liviana, aumentando la lista de razones válidas, que incluía muchas que hoy serían consideradas triviales, como quemar una comida al cocinarla, coquetear con otros hombres y alzar su voz en público. En otras palabras, todo lo que su esposo encontrara ofensivo. Obviamente, la postura de Hillel era del agrado de los esposos, pero no de las esposas.

La escuela de pensamiento de Hillel era conocida como la actitud de "cualquier motivo", ya que un esposo podría encontrar virtualmente cualquier falta que quisiera en su esposa. Cuando a Jesús se le preguntó su opinión acerca del divorcio "por cualquier motivo" (Mateo 19:3), seguramente se le estaba preguntando si suscribía a la posición de Hillel.

Hillel y Shammai eran contemporáneos de Jesús, lo cual significaba que se vería arrastrado al debate, como ocurrió por cierto. Luego de que el ministerio de Jesús hubiera pasado, un tercer rabino llevó el lado liberal un paso más lejos. Su nombre era:

Akiva
Él llegó a la conclusión de que un divorcio no necesitaba absolutamente ninguna justificación. Un esposo podía simplemente despedir a su esposa a voluntad. Ése era su privilegio como cabeza del hogar. Si se había cansado de ella, o había conocido a alguien que le gustaba más, no era asunto de nadie más. Podía hacer lo que quisiera sin tener que rendir cuentas a nadie. ¡Era un voto unánime con un solo voto!

Mencionamos esto porque hay un patrón aquí que se ha visto en otras sociedades, de límites estrictos a listas más amplias, a ninguna restricción en absoluto. La legislación inglesa sobre el divorcio ha seguido la tendencia. Es una pendiente resbalosa.

Es hora de pasar del Antiguo Testamento al Nuevo. Dado que este libro está dirigido a cristianos, los pasajes pertinentes serán examinados más extensa y detalladamente.

5

LO QUE DIJO JESÚS

Éste es el capítulo más largo del libro y es el que ha llevado más tiempo escribir. Esto no se debe solo a que en toda la Biblia Jesús dijo más sobre nuestro tema que nadie más, sino porque él es la autoridad última para todos los cristianos. Aquel que se llamó *el* camino, *la* verdad y *la* vida sin duda merece la confianza y la obediencia absolutas. Sin embargo, hay dos anomalías (que significa, básicamente, "sin ley") en el cristianismo contemporáneo, una general y la otra específica, que parecen estar diluyendo este tipo de respuesta.

La anomalía **general** tiene que ver con nuestra evangelización. Jesús nos dijo: "vayan y hagan discípulos de todas las naciones" (Mateo 28:19) y definió a un "discípulo" (que significa alumno, estudiante o aprendiz) como alguien que ha sido "bautizado" (sumergido en agua) y está siendo enseñado a vivir de acuerdo con todo lo que Jesús ordenó.

Pocos evangelistas hacen algunos de estos dos elementos esenciales. La palabra "discípulo" misma, la descripción más frecuente de los seguidores de Jesús en el Nuevo Testamento, ha sido descartada en favor de "cristiano", que fue inicialmente un apodo usado por incrédulos (Hechos 11:26; 26:28) pero que fue adoptado posteriormente por creyentes (1 Pedro 4:16). Pero la palabra "cristiano" ha perdido las connotaciones de aprendizaje y disciplina. Lograr decisiones ha reemplazado el hacer discípulos. Una "oración del pecador" de treinta segundos ha reemplazado el bautismo.

El foco está en comenzar el "Camino" cristiano, más que en continuar el viaje. La necesidad de vivir como Jesús, un estilo de vida cambiado, apenas se menciona. ¿Será por esto que se hace menos énfasis en el arrepentimiento? Significa alejarse de una conducta sin Dios. El evangelio llama a las personas a arrepentirse y a creer, en ese orden. Juan el bautizador esperaba "frutos" que demostraran arrepentimiento (Lucas 3:8) y Pablo esperaba que "demostraran" su arrepentimiento (Hechos 26:20), en ambos casos de maneras muy prácticas. Ha habido una extraña inversión: traer a las personas a la fe para que más adelante se arrepientan. ¿Pueden ser perdonados sus pecados sin arrepentimiento? El nacimiento incluye cortar el cordón que ata al bebé a su existencia previa en la oscuridad.

Hay una versión romántica de convertirse en cristiano que se describe como "enamorarse de Jesús". Los que sostienen este concepto ingenuo necesitan ser recordados que él dijo: "Si me aman, obedecerán mis mandamientos" (Juan 14:15). Es demasiado fácil ser sentimentales, pero algo más difícil ser escritural.

Los evangélicos tienen una razón más sutil y teológica para minimizar los actos de arrepentimiento. En su preocupación por preservar la verdad de la salvación por gracia, han desarrollado una alergia a todo lo que huela a "obras" humanas. Algunos hasta dicen que el arrepentimiento y la fe son la obra de Dios en nosotros, no algo que tengamos que hacer o siquiera podamos hacer. Pero Dios nos ordena hacer ambas cosas. La confianza y la obediencia constituyen en conjunto la fe.

De modo que, por varias razones, parece haber un menor énfasis en conformarse a la enseñanza de Jesús como una parte importante de "hacer discípulos". Con cantidades estáticas o declinantes, muchas iglesias tienen un deseo desesperado por conseguir más o aun simplemente mantener lo que tienen. Los cultos amigables no se especializan en las normas de conducta estrictas de Jesús ni, como él, instan a considerar el costo potencial antes de embarcarse en un curso que luego podrán encontrar demasiado exigente. El evangelio es a la vez oferta y demanda.

Jesús no tenía ninguna inhibición acerca de detallar en público las elevadas normas de vida requeridas en el reino de Dios. Tampoco temía perder seguidores (Lucas 9:51-62; Juan 6:66). Aun sus enemigos lo reconocían: "sabemos que lo que dices y enseñas es correcto. No juzgas por las apariencias, sino que de verdad enseñas el camino de Dios" (Lucas 20:21). Agradar a Dios y agradar a los hombres son motivos contradictorios. Decir la verdad, solo la verdad y nada más que la verdad no es una receta para la popularidad.

La anomalía *específica* es la actitud callada si no silenciosa hacia la enseñanza de nuestro Señor sobre el divorcio. No dijo nada sobre el aborto o la homosexualidad, pero los cristianos son descaradamente expresivos sobre estos temas. Pero dijo mucho acerca del nuevo matrimonio después del divorcio, y los cristianos permanecen extrañamente silenciosos. Hay ahora tantos miembros y ministros de iglesia cambiando cónyuges, que muchos predicadores y maestros son renuentes a plantear el tema por temor a perturbar y dividir congregaciones, aun mientras "bendicen" nuevos matrimonios solemnizados fuera de la iglesia y realizan talleres de "recuperación del divorcio" que incluyen el nuevo matrimonio como una opción. Mientras que hubo un tiempo en que estas personas habrían sido excomulgadas, ¡ahora es probable que quienes cuestionen sus "derechos" sean marginados!

Las tendencias que hemos descrito, tanto generales como específicas, subrayan la urgente necesidad de volver a las escrituras, en particular los cuatro Evangelios, para asegurarnos de que realmente conocemos y entendemos lo que dijo Jesús. Una observación puede hacerse rápidamente. Su actitud, tanto hacia el divorcio como el nuevo matrimonio, fue por lo general negativa. Quienes lo desafiaron a declarar su actitud públicamente parecen haberlo esperado.

Es desafortunado que cualquier discusión sobre su enseñanza se centre rápidamente en las "excepciones", en vez de asegurarse primero de que su "regla" sea establecida primero. Se vuelve entonces un ejercicio de buscar resquicios. Comenzaremos por considerar sus reservas y *por qué* las tenía (la "explicación" está en Lucas y Marcos). Solo entonces consideraremos cualquier reserva (la "excepción" está en Mateo). Finalmente, veremos cómo trató con las situaciones él mismo (el "ejemplo" está en Juan).

1. SU EXPLICACIÓN (Lucas y Marcos)

Lucas 16:18 (leer)

Ésta es la afirmación más corta y sencilla de Jesús, así que es un buen lugar donde comenzar. Es un anuncio categórico, inequívoco, sin ninguna reserva en absoluto. No critica el divorcio mismo como tal, pero ciertamente condena el nuevo matrimonio después, tanto para el que divorcia como para el que es divorciado. Está hablando a los hombres, ya que la iniciativa, entonces y ahora, es generalmente de ellos.

Antes de explorar el texto, el contexto merece atención.

La afirmación está insertada, algo inesperadamente, en un altercado entre Jesús y algunos fariseos. El tema era el dinero, y Lucas ha colocado el diálogo entre dos parábolas pertinentes, una sobre un hombre que valoraba a las personas más que el dinero y la otra acerca de un hombre que valoraba el dinero más que las personas. Luego de elogiar al "administrador astuto" por sacrificar una ganancia posible en el presente para asegurarse amigos en el futuro, recomienda a sus oyentes a hacer lo mismo, pero en una escala temporal más larga, usando dinero para hacer amigos después de la muerte en vez de antes (la segunda parábola mostraba cómo usar todo el dinero de uno en cosas de aquí lo deja sin nada después).

Jesús agregó que es imposible dedicar toda la vida a hacer dinero y a servir a Dios; una cosa o la otra ocupará el segundo lugar, por lo general Dios. Los fariseos ridiculizaron abiertamente su lógica. Se consideraban como perfectamente capaces de perseguir metas económicas y espirituales a la vez. Es una acusación demoledora, Jesús les dijo que impresionaban a hombres, pero no a Dios, que los detestaba por no reconocer la importancia de sus propias escrituras, el ministerio de Juan el bautizador o la incursión del reino de los cielos, acerca de lo cual otros estaban tan entusiasmados y ávidos. Entretanto, estaban preocupados por las minucias de la legislación mosaica, tan ocupados por la letra que estaban perdiéndose el Espíritu (suponiendo que el v. 17 está en un tono sarcástico).

Es entonces que Jesús introduce sus comentarios acerca del divorcio. A menudo son los que tienen éxito en los negocios que cambian sus esposas por "modelos" nuevos. La riqueza hace a las personas insatisfechas con lo que ya tienen. Esto significa que cambiar de pareja era un hábito importante en la vida de los ricos fariseos, que mantenían acalladas sus conciencias dando a Dios una décima parte de las hierbas de su jardín (Lucas 11:42). Obviamente, pensaban que estaba bien divorciarse y volver a casarse, pero para Jesús estaba todo mal. La pregunta importante es *por qué* él pensaba así.

En una palabra, era pecar contra Dios, quebrantar una de sus leyes. Pero cuál de ellas tiene una enorme importancia. Era la séptima de las diez "palabras" que Dios mismo había escrito, la que prohibía el adulterio.

Pocos parecen darse cuenta de la plena implicación de lo que Jesús estaba diciendo. El adulterio es un pecado cometido por personas *casadas*, cuando tienen relaciones sexuales con alguien que no es su cónyuge. Esto significa que todos los que se han divorciado, no importa cuán correctamente, *siguen casados a los ojos de Dios*. La relación sigue existiendo. No se ha disuelto. No han sido liberados para casarse con nadie más. El primer "pacto" sigue vigente. Ha sido traicionado, pero no cancelado. El divorcio podrá ser reconocido en el nivel humano, pero no en el divino. Esto no puede decirse con demasiada frecuencia o con demasiada fuerza, que es la razón por la que lo hemos dicho de tantas formas distintas.

Lo siguiente que hay que notar es que Jesús no limitó la aplicación de esta sorprendente declaración a sus seguidores, los fariseos o siquiera a los judíos como un todo. Era una palabra para "todos", y para ambas partes, el que divorcia y el que es divorciado, cualquiera de los cuales estaría cometiendo adulterio al volver a casarse. Además, el tiempo del verbo para "cometer adulterio" es el presente continuo, que significa continuar haciendo algo. Algunos han tratado de decir que solo el acto inicial del nuevo matrimonio y la primera unión física es adulterio, pero Jesús está incluyendo toda relación sexual posterior. Dicho sin rodeos, el nuevo matrimonio luego del divorcio es bigamia a los ojos de Dios. No es un matrimonio válido.

Un punto final. Tanto el destino como el contenido del Evangelio de Lucas indican que estaba escribiendo para lectores *gentiles*, y uno en particular, cuyo título sugiere que puede haber sido un juez o un abogado en el juicio de Pablo en Roma. Su segundo volumen, que llamamos el libro de Hechos, parece confirmar esta impresión.

Antes de dejar este Evangelio, hay otro pasaje que tiene una relación indirecta con nuestro tema:

Lucas 20:27-35
Esta vez estamos tratando con otra "denominación" (que simplemente significa un grupo rotulado) judía. Si los fariseos eran conservadores en creencia y conducta, los saduceos eran el ala liberal. Los primeros creían en una resurrección general; los últimos, no. Pensaban que la idea era estrafalaria.

Tal vez para descubrir con cuál grupo se identificaría, pero más probablemente para ridiculizar su compasión por los demás, le propusieron un enigma a Jesús, basado en la ley de que si un hombre moría dejando una viuda sin un hijo, su hermano estaba obligado por honor a casarse con ella y darle hijos, para preservar el nombre y la propiedad (Deuteronomio 22:5-6; no menciona si el hermano era soltero o ya estaba casado, así que presumiblemente la bigamia estaba permitida en estas circunstancias).

Al desafiar la enseñanza de Jesús como rabino, los saduceos urdieron una situación en la que una esposa perdía siete esposos, todos hermanos, sin producir un hijo y heredero. ¡Estadísticamente improbable pero teóricamente posible! Dado que "resurrección" significaba la re-creación del cuerpo más que la inmortalidad del alma, la pregunta de remate era cuál hermano la tendría como esposa (es decir, pareja sexual) entonces. Puedo imaginarme las sonrisas pícaras mientras esperaban la respuesta. ¡Te atrapamos!

Llegó rápidamente. Su pregunta estaba basada en la suposición falsa de que los matrimonios sobreviven la muerte, a su vez basado en la ignorancia del poder divino que era capaz de crear diferentes tipos de cuerpos, eternos de modo que no necesitan reproducirse ni reemplazarse, por lo tanto como los ángeles asexuales que fueron creados y permanecen inmortales.

Jesús entonces pasa a desafiar su cinismo, recordándoles que el Dios de Abraham, Isaac y Jacob era Dios de los vivos, no de los muertos. Los patriarcas estaban bien vivos, aunque ya no casados.

La razón de incluir esto es mostrar que Jesús claramente creía que el matrimonio no sobrevivirá más allá de la tumba y nunca será revivido como un vínculo exclusivo entre un hombre y una mujer. En otras palabras, el vínculo matrimonial no es indisoluble. El divorcio no lo disuelve, pero la muerte de una pareja ciertamente sí. Jesús no cuestionó la suposición de que después de la muerte de cada esposo la viuda estaba libre para volver a casarse. Solo cuestionó la suposición de ellos de que los matrimonios serían revisados en la resurrección.

Resumiendo el registro de Lucas de la enseñanza de Jesús: el nuevo matrimonio es adulterio, a menos que . . . un cónyuge haya muerto.

Marcos 10:1-12
Aquí encontramos un relato mucho más completo del pensamiento de Jesús, revelado en una discusión entre él y algunos fariseos. Esta vez son ellos quienes toman la iniciativa y plantean el tema. Marcos deja en claro que su pregunta no venía de personas con inquietudes sinceras. Lo estaban "poniendo a prueba" (la palabra es literalmente "tentando"), esperando que lo pudieron meter en problemas por lo que decía.

Pero, ¿con quién? La respuesta puede estar la ubicación geográfica de la discusión, que era la ribera *este* del Jordán. Estaban en territorio de Herodes Antipas, que había sido responsable de la ejecución de Juan el bautizador, instigado por su esposa Herodías, que resentía amargamente la denuncia pública de Juan de su matrimonio "ilegal". ¿Esperaban los antagonistas de Jesús lograr un fin similar para él?

¿O era sencillamente que, fuera cual fuera su punto de vista, lograría antagonizar una parte sustancial del público, sea que tomara la línea estricta de Shammai o la línea laxa de Hillel (que se describen en el capítulo 4)? De una forma u otra, obviamente estaban tendiéndole una trampa. Pero Jesús tenía cierta práctica escapando de esta clase de peligros verbales, con una asombrosa sabiduría.

El relato está dividido en dos fases: primero, la controversia pública con los fariseos, seguida de una conversación privada con sus discípulos.

LA CONTROVERSIA PÚBLICA (versículos 2-9)

Las razones para el divorcio estaban siendo debatidas acaloradamente en los días de Jesús, al parecer porque su tasa estaba aumentando. Pero no era acerca de esto que le estaban preguntando. Estaban preguntando si aceptaría *algún* divorcio siquiera dentro de los límites de su ley (es decir, la ley de Moisés, la Torá). Una respuesta negativa lo hubiera hecho sumamente impopular con muchos, y una respuesta positiva lo habría arrojado a la arena de la controversia.

Jesús contestó la pregunta que le hicieron con otra pregunta, una técnica favorita suya (cf. Marcos 11:28-30). Eligió las palabras de su desafío con mucho cuidado. Al decir "Moisés", se estaba refiriendo a los primeros cinco libros de la Biblia, todos atribuidos a su autoría, conocidos por los judíos como la "Torá" y por los cristianos como el "Pentateuco". Y usó el verbo "mandó", que significa ordenar a alguien que haga o no haga algo. Por supuesto, Moisés nunca mandó a nadie que se divorciara. Lo más que se acercó a esto fue prohibir a una esposa divorciada que volviera a casarse con su primer esposo luego de divorciarse del segundo. Tampoco había definido las razones válidas para el divorcio.

Pero Moisés lo había "permitido", sostenían los fariseos, solo para que recibieran como respuesta que era una transigencia, una acomodación a la "obstinación" del pueblo con el que debía lidiar Moisés. Esto podría referirse a su terca rebelión contra Dios ("duros de cerviz") o, menos probablemente, con su irritación carente de perdón entre ellos. Sea cual fuere, el objetivo era restringir su terquedad. No fue la última palabra sobre el tema.

Tampoco era la primera palabra. Jesús se refiere atrás, a la primera parte de la Torá (Génesis 2:24), que contenía el propio mandato original de Dios para el matrimonio, hecho para ser de aplicación universal. Como hemos visto (en el capítulo 1), el plan de Dios era el matrimonio heterosexual, monógamo y, sobre todo, para toda la vida.

El Dios que hizo el varón y la mujer (una referencia a Génesis 1) tenía tanto el derecho como la responsabilidad de ordenar la relación entre ellos (como en Génesis 2). Les recuerda que el matrimonio es, en alguna forma sutil, una unión entre dos *personas* que se han convertido en "un solo cuerpo". Esto ha sido un acto de Dios, una intervención sobrenatural en cada matrimonio, un milagro. Romper lo que él unió es un acto de vandalismo humano que destruye la obra del Creador. Jesús no está diciendo que un matrimonio no puede ser roto, sino que no debe ser roto. No que el hombre no puede, sino que el hombre no debe. El matrimonio es santo, sagrado. Romperlo es un sacrilegio.

Vale la pena hacer una pausa y preguntar por qué Jesús está hablando así. Para él, el día de la transigencia ha pasado. Ya no será necesario rebajar las leyes para lidiar con la debilidad y la terquedad humanas, aun para el pueblo de Dios. Ha nacido un nuevo día. Dios puede haber pasado por alto los pecados en el pasado, "pero ahora manda a todos, en todas partes, que se arrepientan" (Hechos 17:30). Las normas morales de Dios están siendo levantadas nuevamente a lo "normal". En vez de que las leyes sean rebajadas para encontrarse con la naturaleza humana, la naturaleza humana será levantada para encontrarse con las normas divinas. Esto está en la esencia del "nuevo" pacto, profetizado por Jeremías (31:33-34) y Ezequiel (36:26-27) y que Jesús establecería a través de su muerte, resurrección y ascensión. El "viejo" pacto de Moisés estaba "volviéndose obsoleto" (Hebreos 8:13). Todo esto tiene que haber estado en la mente de Jesús al responder a los fariseos. Su hacía irrelevante la pregunta de ellos. ¡El divorcio ni siquiera tendría que haberse discutido!

Tal vez no se dieron cuenta de que, en realidad, había contestado su pregunta, ¡descartándola! Ellos no podían leer la mente de él y entender plenamente *por qué* tomó un enfoque tan radical, que prácticamente decía ningún divorcio, en absoluto. Pero no lo había dicho de manera directa, así que tal vez se quedaron preguntando si era eso lo que había querido decir. Sin duda los discípulos de Jesús quedaron con la duda.

LA CONVERSACIÓN PRIVADA (versículos 10-12)

Tan pronto pudieron tener a Jesús para ellos, su círculo interior de seguidores quiso que aclarara su postura. ¿Lo habían entendido correctamente? ¿Realmente estaba descartando todo divorcio y todo nuevo matrimonio posterior?

Esta vez, Jesús dio una respuesta directa a una pregunta directa. Esto era característico de todo su método de enseñanza. Con el público general y especialmente sus opositores, usaba enigmas oscuros, parábolas que ocultaban la verdad a todos menos a los buscadores sinceros (Marcos 4:9-13). Pero a quienes él había escogido para que fueran sus discípulos (alumnos) y eventualmente apóstoles (predicadores), explicó las cosas claramente y contestó sus preguntas directamente. Lo cual hizo también en esta ocasión.

Su respuesta es casi idéntica a la que ya hemos considerado (en Lucas 16:18). Da la misma razón básica para su postura de "ningún divorcio", que no disuelve el matrimonio, haciendo que el segundo matrimonio sea adúltero a los ojos de Dios. De nuevo, es el nuevo matrimonio el que está mal. Note, también, que es un pecado contra la primera esposa, además de contra Dios.

La única diferencia es que Lucas está dirigido a los hombres solo, que divorcian a sus esposas. Marcos incluye una palabra para esposas que divorcian a sus esposos, que era más típico de la sociedad griega y romana. Los principios de Jesús se aplican por igual a ellos.

La otra cosa que debe notarse es que esta afirmación sencilla y clara fue dada solo a los discípulos en Marcos, pero a los fariseos mismos en Lucas. Esta segunda ocasión fue mucho más adelante, cuando Jesús estaba en su último viaje a Jerusalén y listo para desafiar a sus enemigos más abiertamente.

Finalmente, a partir de considerable evidencia interna y tradición externa, los estudiosos de la Biblia concuerdan en general que tanto Marcos como Lucas estaban dirigidos principalmente a lectores *gentiles*, entre los cuales el divorcio y el nuevo matrimonio eran comunes. Es, por lo tanto, significativo que la enseñanza de Jesús fuera dada sin reserva, sin ninguna "excepción". La prohibición era absoluta. Cuando vamos a Mateo, el caso es muy diferente. No todas las primeras iglesias tenían los cuatro Evangelios, pero nosotros sí, y debemos tomarlos en cuenta a todos.

2. SU EXCEPCIÓN (Mateo)

A diferencia de Lucas y Marcos, Mateo contiene dos pasajes que tratan nuestro tema (5:31-32 y 19:1-12), uno de los cuales no tiene que ver con los fariseos. Sin embargo, la principal diferencia es que ambos contienen una cláusula "excepto", que califica la regla general en los otros dos Evangelios "sinópticos" (parecidos).

Tal vez es por esto que la mayoría de las discusiones cristianas sobre el divorcio se centran rápidamente en Mateo. Por cierto, me he encontrado con algunos que ni siquiera son conscientes de lo que registró Lucas. ¿Se deberá esto a que estamos más motivados a encontrar resquicios que a seguir leyes? Sea por el motivo que fuere, parecemos más interesados en lo que Mateo tiene para decir. No creo que sea porque es el primer Evangelio en el Nuevo Testamento o porque tenga más que decir. Es debido a esa "excepción", que atrae tan rápidamente nuestra atención.

Antes de analizar el significado de la única excepción que hizo Jesús, debemos darnos cuenta de la enorme importancia de hacer *cualquier* excepción. Cambia un principio absoluto en uno relativo, de uno que se aplica a todas las personas en todas las situaciones a algunas personas en algunas situaciones. Ya no es simple de aplicar; deben tomarse en cuenta otros factores primero. Una prohibición "nunca" es cambiada a "a veces". Lucas y Marcos fueron simples y directos. Mateo lo ha hecho mucho más complicado.

No es fácil ver cómo *alguna* excepción sea compatible con la apelación de Jesús a Génesis 2. No se menciona ninguna excepción allí y ni siquiera parece haber sido contemplada en esa etapa. Jesús lo cito aparentemente para descartar el divorcio por completo. Sin embargo, Mateo aquí lo está volviendo a traer a la escena.

No sorprende que algunos eruditos hayan cuestionado la autenticidad del relato de Mateo. ¿Realmente dijo Jesús que había una excepción o lo debemos a Mateo mismo, para reforzar su afirmación de que aun "la letra más pequeña" y "el trazo menor de la pluma" (la iota y la tilde) seguirán vigentes hasta que "todo se haya cumplido" (5:18), sea lo que signifique eso? De ser así, ¿agregó la excepción inconscientemente, o fue deliberado? ¿O fue agregada por otra persona, un copista de un manuscrito muy temprano?

Ha habido mucha especulación entre quienes son plenamente conscientes del problema que hemos expuesto. No es una cuestión de contradicción sino que agregado creó una fuerte tensión entre la versión absoluta y la relativa.

Este autor está convencido de que la memoria de Mateo y su registro fueron correctos. Jesús hizo una "excepción" a su "regla". Debe haber una razón por la que Mateo la incluyó y, a la inversa, por qué Lucas y Marcos no lo hicieron. No creo que los dos últimos hayan tenido un lapsus de memoria. Creo que la clave está en sus lectores, es decir para quiénes estaban escribiendo. Eso podría apuntar también a la naturaleza de la "excepción", como veremos.

Una diferencia es que Lucas y Marcos parecen estar dirigidos a no creyentes, mientras que Mateo está dirigido a creyentes. Éste último usa a Marcos para su estructura básica, pero su característica singular son las colecciones de la enseñanza de Jesús por este ex recaudador de impuestos. Hay cinco de estos compendios, todos reunidos alrededor del tema del reino de los cielos, en capítulos:

5-7: El estilo de vida del reino.

10: La misión del reino.

13: El crecimiento del reino.
18: La comunidad del reino.
24-25: El futuro del reino.

Una rápida lectura de cualquiera de estos "sermones" revela rápidamente el público al que apunta (mire 5:11-12; 10:16-18; 13:16-17; 18:18-19; 24:9-13). Están todos dirigidos a quienes ya están en el reino, describiendo los deberes y los peligros de sus ciudadanos, sus "hijos".

¿Es ésa la pista que estamos buscando? Dejaría a los no creyentes sin ninguna excusa para el divorcio y a los creyentes con el "privilegio" de una buena razón para hacerlo. ¿Es probable que Jesús ofreciera a sus discípulos una norma moral más baja que el mundo? ¡No lo creo! En toda otra esfera los llamó a una moralidad superior y les prometió la ayuda que necesitarían para alcanzarla.

¿Hay alguna otra diferencia obvia entre Mateo, por un lado, y Lucas/Marcos, por el otro? Sí, la hay. Ya hemos notado que estos estaban dirigidos principalmente a gentiles (incrédulos), mientras que Mateo es principalmente, aunque de ningún modo exclusivamente, para judíos (creyentes). La evidencia para decir esto es la siguiente:

i. Él comienza por la genealogía de Jesús, ¡un enfoque de interés improbable para un lector gentil! Aquí Jesús es establecido inmediatamente como "rey de los judíos" por su descendencia del rey David. Y hay un mensaje cifrado para los judíos en el árbol genealógico de Jesús. Como los romanos, los judíos usaban letras en vez de números (A=1, B=2, etc.) y daban a los nombres un valor numérico, y el de "David" era 14. Así que Mateo ha presentado la genealogía de Jesús en tres frases de 14 nombres cada uno: Abraham hasta David, hasta el exilio y luego hasta José.

Esto es todo muy interesante para los judíos. El autor recuerda a un hombre judío que llegó a la fe en Jesús como su Mesías cuando predicó sobre Mateo 1:1-17.

En contraste, Lucas, escribiendo para gentiles, retiene la genealogía hasta el final de su tercer capítulo, y lo lleva atrás a Adán, no a Abraham.

ii. Mateo tiene muchos más vínculos con las escrituras judías (lo que llamamos el "Antiguo Testamento") que los otros tres Evangelios. Solo él cita la afirmación de Jesús de que no había venido para abolir "la ley y los profetas" sino para cumplirlos. Mateo contiene las confirmaciones más fuertes de la legislación mosaica (5:18-19, versículos que dejan perplejos a muchos cristianos que creen que no están atados a ella) y le encanta encontrar que la predicción profética se vuelve realidad en la vida de Jesús (ej: 2:5, 15, 17, 23).

Tal vez ésta sea la razón por la que Mateo ha sido colocado primero en el Nuevo Testamento, aunque no fue el primer Evangelio en ser escrito; es un excelente vínculo con el Antiguo, justo al lado de Malaquías en nuestras Biblias.

iii. Usa la frase "reino de los cielos" donde los otros Evangelios usan "reino de Dios". Ciertamente no se está refiriendo a un reino diferente, como han intentado demostrar algunos comentaristas. Textos idénticos demuestran que ha cambiado deliberadamente las palabras de Jesús mismo. ¿Por qué habría de hacer eso?

Desde la traumática experiencia del exilio en adelante, los judíos se volvieron hipersensibles al peligro de tomar el nombre de Dios en vano. Dejaron de usarlo, sustituyéndolo en cambio por eufemismos como "cielo" (como en nuestra expresión "el cielo te ayude"). Al día de hoy nadie sabe cómo pronunciar el nombre de Dios dado a Moisés y representado en hebreo por las cuatro consonantes JHVH.

Sin duda no es "Jehová", sino más parecido a "Yavé". Hasta "Dios" se imprime "D—s" en los periódicos.

La conciencia de estos escrúpulos es la explicación obvia de la alteración de Mateo si tenía lectores judíos en mente. Estaba evitando una ofensa innecesaria que podría haberles impedido leer sus "buenas nuevas".

iv. Ha reunido la enseñanza de Jesús en cinco discursos, como ya hemos notado. ¿Fue esto un eco inconsciente o, más probablemente, consciente de los cinco libros de Moisés en la "Torá" judía? ¿Está sugiriendo a Jesús como el nuevo legislador, el cumplimiento de la propia profecía de Moisés (en Deuteronomio 18:15; cf. Juan 6:14; Hechos 3:22-23)?

Es intrigante que el primer y último "sermón" fueron dados ambos "en el monte", reminiscente de Moisés en Sinaí.

v. Ha cambiado la enseñanza de Marcos sobre el divorcio para tanto hombres como mujeres que toman la iniciativa a solo hombres, de acuerdo con la costumbre en la cultura judía.

* * * * *

Hemos dicho suficiente para apoyar el foco principal de Mateo. Reuniendo las dos principales diferencias entre Mateo de un lado y Lucas y Marcos del otro, podemos decir con cierta confianza que su Evangelio apuntaba a creyentes judíos. Esto encajaría con la tradición de que surgió por primera vez en la tierra ocupada de Israel misma, entre las iglesias del lugar. A menudo olvidamos que la iglesia primitiva era judía en su membresía y, por cierto, aún era considerada como una secta judía. Dicho sea de paso, un fragmento manuscrito de Mateo en la biblioteca de Magdalen College en Oxford muestra que fue escrito antes de que hubiera ocurrido la gran división entre iglesia y sinagoga, cristianismo y judaísmo.

Los lectores probablemente se hayan puesto impacientes con este largo desvío (¿distracción?) hacia la atmósfera judía del Evangelio de Mateo, pero si explica por qué la "excepción" de Jesús solo se encuentra en ese Evangelio y no en Marcos o Lucas, habrá demostrado ser muy importante, por cierto. Tomando todo esto en cuenta, podemos ahora examinar los dos pasajes pertinentes en detalle.

Mateo 5:31-32

Como parte del famoso "sermón del Monte", el primer discurso sobre el reino, aquí su estilo de vida, el contexto más amplio es crucial para comprenderlo.

Dirigido originalmente solo a sus discípulos, para lo cual los alejó de donde vivía la gente (5:1), fue escuchado finalmente por el público general que le había seguido (7:28). Este cambio se refleja en su contenido; compare 5:13-16 con 7:13-14.

Comienza con lo que los ciudadanos del reino deben *ser*, más que *hacer*, a fin de ser sal y luz en la comunidad, bendecidos y usados por Dios. Su estilo de vida correcto, su "justicia" debe ir mucho más allá de las acciones externas correctas exigidas por la ley y ejemplificadas por los fariseos. Debe surgir de las actitudes correctas *internas*, el corazón puro. Jesús luego traza una serie de contrastes entre lo que su público ha "oído" de otros maestros acerca de las leyes de Moisés y lo que él "dice" acerca de ellas. Su autoridad de primera mano ("pero *yo* les digo"), contrastada con la autoridad de segunda mano (la opinión de los principales rabinos) dejará una impresión profunda (7:28-29).

La aplicación de Jesús de "la ley" a la vida diaria es más profunda, más estricta y mucho más difícil de guardar que las interpretaciones tradicionales. Tome el sexto, por ejemplo, "no matarás" (Éxodo 20:13, mejor traducido "no asesinarás", ya que la pena era la pena de muerte, que otros debían "ejecutar"; Éxodo 21:12). Jesús señala que el asesinato en sí es el fin de un proceso que comenzó en un corazón lleno de ira o desprecio. Dado que Dios ve el interior de una persona, esta clase de sentimientos ya han quebrantado su ley y han merecido su juicio. Hay muchos más asesinos dando vuelta de lo que la gente se da cuenta por lo general. Solo les faltan los medios, la oportunidad o la valentía para hacerlo. "¡Si las miradas mataran!".

Lo mismo ocurre con el adulterio. Comienza adentro, generalmente estimulado por lo que el Nuevo Testamento llama "la codicia de los ojos" (1 Juan 2:16). Mirar a una mujer y siquiera pensar en acostarse con ella es haber comenzado un camino de adulterio, aun cuando nunca alcance el acto físico. Pocos hombres pueden leer esto sin una punzada en la conciencia. Todavía menos han tomado la resolución necesaria (Job 31:1).

Pero hay otra forma sorprendente de quebrantar el séptimo mandamiento que Jesús pasó a censurar, la versión legal, diferente de la física y mental. Éste es el tema de nuestro primer pasaje en Mateo y el resultado de divorciar a una pareja.

Es en conexión con esto que tenemos la primera mención de una excepción. Sin embargo, antes de considerarla debemos preguntar de *qué* es una excepción. En otras palabras, debemos estudiar primero la oración en la que ocurre una cláusula "excepto", leyéndola sin calificación. El verbo principal es "inducir a cometer adulterio", lo que significa que otra persona es responsable de la ofensa. En este caso, es el esposo que ha tomado la iniciativa al divorciar a su esposa. Al hacerlo, la ha *convertido* en una adúltera.

¿Cómo lo ha hecho? Una posibilidad es que le ha dado esa reputación, dado que muchos podrían suponer que ésa fue la razón de su despido, recordando que la escuela de Shammai enseñaba que el adulterio era la única razón válida. Más probablemente, es una referencia a su casi seguro nuevo matrimonio. En un tiempo en que las mujeres no podían postularse para trabajos y no había ninguna ayuda social para mujeres solas, su principal esperanza de apoyo y seguridad sería encontrar un segundo esposo.

Jesús es completamente consistente en denunciar el nuevo matrimonio después del divorcio como adulterio. Como hemos visto, el divorcio no disuelve el vínculo matrimonial, así que es un pecado de una persona *casada*. Además, el hombre que se casa con una mujer divorciada ha sido forzado también a cometer adulterio, ya que ella aún está casada a los ojos de Dios. Así que el hombre que divorció a su esposa es responsable directo de poner en movimiento un tren de adulterio, haciendo que otros quebranten el séptimo mandamiento, aun cuando él mismo no lo haya roto (técnicamente, en la letra). Pero Dios lo hará responsable de que su esposa y el segundo esposo de ella lo hayan hecho.

A menos que su esposa *ya* era culpable y él la despidió por esa misma razón. Pero, ¿culpable de qué? El problema es que Jesús *no* usa la palabra "adulterio" (en griego, *moicheia*) en este punto, acerca del divorcio mismo, pero lo usa inmediatamente después acerca del subsecuente matrimonio.

Jesús usó otra palabra como la razón original para el divorcio, a saber el griego *porneia*, traducido "fornicación" en la Biblia Reina Valera. Es esto lo que ha causado un debate y desacuerdo interminables. Pedimos la comprensión del lector si posponemos el examen de su significado hasta que volvamos a encontrar la palabra en Mateo 19, donde es usada en un contexto más pertinente a nuestro tema principal.

Por el momento, basta decir que *"porneia"* se refiere a una conducta que es tanto *sexual* como *pecaminosa*. Con esta simple definición podemos resumir lo que Jesús está diciendo aquí. Él está preocupado principalmente por formas de quebrantar el séptimo mandamiento. Esto puede hacerse física, mental y legalmente. En el último caso, llevando a *otros* (una esposa divorciada y su segundo esposo) a una relación adúltera, aun sin cometer uno mismo adulterio.

El único caso en que el esposo que divorcia *no* es hecho responsable es cuando la esposa ya ha participado en actividad pecaminosa y sexual *antes* que ocurriera el divorcio. En ese caso, el esposo no es responsabilizado por la inmoralidad posterior de ella. Ella ya ha escogido ese camino. Es así de sencillo.

Por supuesto, está implicado, aunque no se dice específicamente, que el divorcio estaba justificado en el caso de la infidelidad de ella y, por lo tanto, está permitido. En tales circunstancias, un divorcio *puede* ocurrir, pero no hay ningún indicio de que Jesús pensara que *debía* ocurrir, como lo exigía la cultura judía. Por cierto, como parte de un sermón que contiene tantas exhortaciones a pasar por alto insultos e injusticias, a poner la otra mejilla y a caminar la segunda milla, a ser reconciliados antes de adorar a Dios, a perdonar antes que esperar ser perdonado, a orar por los enemigos y bendecir a los que nos hacen sufrir, Jesús seguramente vería al divorcio como el último de todos los recursos.

Cuando vamos al otro pasaje, encontramos una discusión directa de las razones para el divorcio y, de nuevo, se incluye la cláusula de "excepción", si bien las palabras son algo diferentes en el original. Tendremos que examinar *"porneia"* mucho más cuidadosamente en este contexto.

Mateo 19:1-12

Lo primero que hay que decir es que este relato es tan similar al de Marcos (10:1-12) que debe referirse a la misma ocasión. Es en el mismo lugar, la ribera oriental del Jordán (el territorio de Herodes), en el mismo tiempo, en el último viaje a Jerusalén, y con los mismos protagonistas, los fariseos. Por cierto, las palabras mismas son tales que muchos eruditos creen que Mateo ha copiado a Marcos.

Sin embargo, hay claras indicaciones de que no lo copió servilmente, literalmente, sino que lo adaptó para su propio propósito y lectores. Hay algunas diferencias reales, aun discrepancias, entre los dos relatos. La más obvia es que, mientras que ambas tienen las dos fases, la controversia pública con los fariseos seguida por la conversación privada, el contenido de la segunda parte es enteramente diferente, aunque esto puede ser considerado como complementario más que contradictorio.

En la discusión pública, las menciones de la legislación de Moisés y la apelación de Jesús a la creación han sido invertidas, si bien esto no afecta seriamente el hilo. Con relación a Moisés, se han intercambiado dos verbos: los fariseos usan "mandó" y Jesús usa "permitió". Mateo omite "la induce" en su crítica del divorcio, como hace con toda referencia a esposas que divorcian esposos.

Tal vez la diferencia más significativa es en las palabras de la pregunta de "prueba" inicial. En Marcos simplemente preguntan si el divorcio está "permitido". Es decir, ¿hay *algún* caso cubierto por la legislación mosaica? Es una pregunta general. En Mateo se agrega una frase: "por *cualquier* motivo". Esto se vuelve una pregunta específica, porque esa frase es probablemente una referencia a la escuela del rabino Hillel y su visión liberal más amplia, en contraposición con la visión conservadora más estrecha del rabino Shammai (por adulterio solo). En la versión de Mateo parece como si estuvieran intentando hacer que Jesús declarara de qué "lado" está en la polémica actual y ofender a una parte u otra con su respuesta. Por cierto, si se toma que la "excepción" significa adulterio, Jesús estaba alineándose exactamente con Shammai, aunque esto difícilmente explicaría la reacción de asombro de los discípulos. Pero nos estamos adelantando.

Aparte de la excepción, el relato de Mateo concuerda en esencia con el de Marcos, así que todo lo que dijimos al respecto también se aplica aquí, y no necesita ser repetido. Son las variaciones importantes que deben ser estudiadas cuidadosamente, a saber la "excepción" y la conversación con los discípulos.

Primero, entonces, la excepción. Ya hemos señalado que Jesús no usó la palabra para adulterio (griego: *moicheia*) en la frase misma, si bien lo hace inmediatamente después, aun en la misma oración. Si lo hubiera hecho, hubiera ahorrado muchísima tinta y palabrerío. Por supuesto, Jesús no hablaba griego, pero podemos suponer que la elección de palabras de Mateo reflejaba una palabra original en hebreo o arameo que Jesús había usado. Así que consideraremos el uso de Mateo de *porneia* para la excepción, lo que significaría para él y para sus lectores. Simplificará las cosas si usamos la traducción de la versión Reina Valera: fornicación. Hay tres posibilidades para la relación entre "fornicación" y "adulterio":

i Tienen el *mismo* significado, y son sinónimos intercambiables en este contexto. Imagine un círculo con las letras "F" y "A" adentro.

ii. Sus significados se *superponen* de alguna forma, por lo general pensado como que uno incluye al otro pero sin excluir otros significados. Imagine un círculo menor rotulado "A" dentro de un círculo mayor rotulado "F".

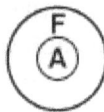

iii. Tienen significados muy *diferentes*, que estarían representados por dos círculos, uno al lado del otro, uno con una "F" y el otro con una "A".

Estos tres "diagramas" cubren todas las principales interpretaciones de la excepción, y veremos cada una por turno.

i. EL MISMO SIGNIFICADO

La mayoría de las traducciones modernas inglesas-españolas han supuesto o sugerido esto. La Nueva Versión Internacional es típica, traduciéndola "infidelidad conyugal". Muchas iglesias y cristianos a lo largo de los siglos lo han entendido de esta forma. El cambio de terminología, de "fornicación" a "adulterio" se descarta como que no tiene ninguna significancia teológica, y es considerado como simplemente un ejemplo de variedad literaria, debido probablemente más a la escritura de Mateo que a las palabras de Jesús.

Esto hace que sea mucho más fácil de aplicar a situaciones pastorales. ¿Se ha cometido adulterio o no? Si ha ocurrido, el divorcio y el nuevo matrimonio puede ser permitido y aprobado. Si no, no pueden ser aprobados.

Sin embargo, esta interpretación está abierta al abuso, en por lo menos dos formas. Primero, el adulterio puede ocurrir de manera muy deliberada a fin de ser "elegible" para un divorcio. ¡En los días en que era una razón legítima en la ley inglesa, era una práctica muy conocida para ciertos londinenses visitar ciertos hoteles en Brighton donde el personal podía proveer tanto una camarera para una noche como una confirmación escrita de que habían sido "descubiertos" juntos en la cama!

Segundo, cuando el adulterio ha ocurrido *después* de que un matrimonio se ha roto y la pareja se ha separado, y es citado *entonces* como una justificación para un divorcio, sin duda es una excusa más que una razón.

Estas dos evasiones de la realidad estuvieron entre los argumentos usados en la década de 1960 para cambiar la ley, de las razones existentes a una sola: "ruptura irrecuperable del matrimonio". Esto reconocía también la dificultad de probar que cualquiera de las partes era completamente culpable o inocente.

ii. SIGNIFICADOS QUE SE SUPERPONEN

Esto toma por lo general la forma de un círculo mayor que incluye un círculo menor. "Fornicación" cubre todos los ejemplos de sexo ilícito, en el que participan solteros y casados por igual; mientras que "adulterio" es solo de los casados.

Ésta es probablemente la interpretación más ampliamente aceptada, principalmente porque "fornicación" (griego *porneia*) parece aplicarse a personas solteras y *también* a personas casadas en el Nuevo Testamento, particularmente en el libro de Apocalipsis (2:21; 9:21; 14:8; 17:2, 4; 18:3; 19:2).

Además de las anomalías que se mencionan arriba (en i. "El mismo significado"), esta interpretación introduce más problemas.

Primero, introduce una gama más amplia de razones. Tanto el incesto, la pedofilia, la homosexualidad y aun el bestialismo califican. Si incluye lograr el orgasmo con cualquier persona o cosa que no sea el cónyuge de alguien, ¿podríamos introducir la masturbación en la lista?

Segundo, dado que Jesús enseñó que el adulterio mental es un pecado tan serio como el físico, ¿qué de las revistas y películas (en la televisión) pornográficas, o aun una mirada lasciva?

¿Y qué del "adulterio" espiritual, como el que cometió Israel cuando "fue tras otros dioses"? ¿El cambio de religión de una pareja justifica el divorcio? ¿O aun si un creyente se vuelve incrédulo? Volveremos a considerar esta situación en 1 Corintios 7:12.

Está en la naturaleza humana caída tratar de encontrar resquicios en la ley y luego tratar de estirarlos. No sorprende que quienes tomen el significado más amplio de "fornicación" presionen por la inclusión de otras ofensas. Hacen preguntas incisivas como: ¿por qué se centró Jesús solo en el pecado sexual? y ¿no se ha vuelto la iglesia obsesionada con eso como resultado? ¿No consideraría la crueldad física y mental como igualmente dañinas para el matrimonio? ¿Y el abandono, la incompatibilidad, las presiones económicas y una gran cantidad de otras razones para la ruptura matrimonial?

Esta clase de especulación imaginativa acerca de lo que Jesús *podría* haber pensado acarrea el peligro de poner nuestras propias ideas en su mente y boca. La conclusión inevitable es que él aprobaría la mayoría, si no todos los divorcios y nuevos matrimonios. Y algunos cristianos de hecho lo están diciendo, en nombre de la "compasión" de él, aun o especialmente para con pecadores culpables. ¡Sin duda el adulterio no es el pecado imperdonable!

Aceptar que "fornicación" equivale a adulterio o lo incluye *puede* ser el primer paso en una pendiente resbalosa, a lo largo de la cual no es fácil detenerse y trazar una raya, como muchos han encontrado. Ésta es una razón adicional para considerar una tercera posibilidad:

iii. SIGNIFICADOS DIFERENTES

Esto supone que Jesús mismo escogió usar, muy deliberadamente, palabras diferentes, una (*porneia*) para la cláusula "excepto", al hablar del divorcio, y otra (*moicheia*), al hablar del nuevo matrimonio.

La razón escritural básica para hacer una clara distinción entre ambas palabras es que aparecen juntas pero separadas en catálogos de pecados y pecadores, tanto por Jesús como por los escritores apostólicos (ver Mateo 15:19; Marcos 7:21; 1 Corintios 6:9; Hebreos 13:4). Esto hace que un significado idéntico y superpuesto sea improbable.

¿Qué, entonces, distingue a la "fornicación" del "adulterio"? Debe haber algún contraste entre ellos. La respuesta más sencilla y lógica es que una se refiere al sexo ilícito *antes* del matrimonio y la otra se refiere al sexo ilícito *después* del matrimonio. Ésta es ciertamente su definición en el idioma inglés-español. El Oxford Dictionary describe a la fornicación como "relaciones sexuales voluntarias entre personas no casadas" y adulterio como "relaciones sexuales voluntarias de una persona casada con otra que no es su cónyuge" ("voluntario" distancia a ambos de la violación). ¿Refleja el uso en inglés-español el griego, a través de la versión latina previa? Bien podría ser.

Muchos tal vez no se den cuenta de cuán fuerte es el argumento a favor de tomar "fornicación" de esta forma, especialmente allá atrás en la época de Jesús. Considere los siguientes argumentos:

1. Esto explica por qué la "excepción" solo se encuentra en Mateo. Ya hemos visto que este Evangelio fue escrito principalmente para creyentes judíos en las primeras iglesias, mayormente judías. La cultura judía era un verdadero factor a tomar en cuenta, como lo fue por cierto en las conclusiones del concilio de Jerusalén (Hechos 15:28-29). Es intrigante que abstenerse de fornicación (la misma palabra *porneia*) es una de las tres cosas que se exhorta a los creyentes gentiles que practiquen por sensibilidad a los escrúpulos judíos, pero sin duda sería de incumbencia a todos los creyentes por igual, judíos o gentiles. Sin embargo, la cultura judía estaba basada en la legislación mosaica que exigía la virginidad de la novia, so pena de muerte (Deuteronomio 22:20-21). Esto se "demostraba" que no era así, obviamente, si quedaba embarazada antes de la boda o si no sangraba cuando se consumaba el matrimonio.

Para el tiempo de Jesús el castigo había sido reducido, de muerte a divorcio, aunque ambos eran obligatorios. Esto fue lo que casi ocurrió con los padres de Jesús,

José y María, registrado también en Mateo (1:19). Dado que el desposorio era un compromiso vinculante para el matrimonio, quebrantarlo era considerado equivalente al "divorcio". José, siendo un hombre justo (equitativo, justo) decidió divorciarla de una forma que minimizaría la publicidad y la desgracia posterior. Como su tocayo, recibió revelación divina en sueños. Persuadido por el ángel de que María no le había sido infiel, se casó inmediatamente con ella, de modo que asumió la culpa por el embarazo él mismo.

2. Esto explica también por qué la "excepción" no está en Marcos o Lucas. Ambos fueron escritos principalmente para lectores gentiles. Ni la cultura griega ni la romana exigían la virginidad antes del matrimonio, ni había alguna penalidad por su pérdida. Esos autores del Evangelio pueden haber recordado la excepción de Jesús, pero no vieron ninguna necesidad de registrarla.

3. Esto explica también la reacción de asombro a la enseñanza de Jesús por parte de sus discípulos (Mateo 19:10 – "Si tal es la situación entre esposo y esposa, es mejor no casarse").

Si Jesús hubiera coincidido simplemente con el rabino conservador Shammai (adulterio solo) en contraposición con el rabino liberal Hillel (por cualquier motivo), podría haber sido algo esperado y aceptado por sus discípulos. Pero si entendieron que él quería decir que solo algo que había ocurrido antes del matrimonio podría disolver el vínculo, y nada después, el tono y el contenido del comentario de ellos es completamente entendible. Si el matrimonio es algo del cual es imposible salir, ¡es mejor nunca entrar en él!

Ya hemos notado que la versión de Mateo de la conversación privada con los discípulos luego de la controversia pública con los fariseos es totalmente diferente de la de Marcos. Son complementarias, más que contradictorias, y registran secciones consecutivas de la discusión. En Mateo Jesús pasa a un extenso tratamiento del celibato, que es tan tangencial al tema del divorcio que algunos estudiosos creen que ha venido de otro contexto. Eso es porque han malentendido lo siguiente que dijo Jesús.

Su respuesta inesperada a la conclusión estupefacta e impactante de los discípulos fue, literalmente: "no todos están aceptando esa palabra" (griego: *logos*). ¿A qué "palabra" (dicho/conversación/razonamiento) se está refiriendo, la de él o la de ellos? Muchos dicen que es una referencia atrás a la de él (en los versículos 8-9). Pero esto destruye el hilo de los comentarios de Jesús. Referirse a la reacción de los discípulos da más sentido a lo que sigue.

Los discípulos suponían que el celibato es una opción fácil, una simple elección de la voluntad interna. Al decir que la soltería es algo dado, Jesús está enfatizando la necesidad de un factor externo para sostener lo que es una forma de vida menos natural y más difícil que el matrimonio. A algunos se les ha dado una soltería natural desde el nacimiento. Otros han sido hechos solteros por otros (que incluye no haber tenido una oportunidad de matrimonio, junto con la amputación). Pero otros han recibido la gracia de renunciar (una acción costosa) al matrimonio en bien de la causa primera del reino de los cielos, como era el caso de Jesús mismo. La afirmación es introducida y concluida por el mismo verbo: "No todos *pueden* comprender este asunto" y "El que *pueda* aceptar esto (el celibato), que lo acepte". Jesús está sugiriendo que el matrimonio es la opción normal para la mayoría de las personas, aun cuando los discípulos lo ven como una condena a cadena perpetua.

4. Reduce la tensión que se siente entre Mateo, por un lado,

y Marcos/Lucas por el otro. Si "fornicación" se refiere a promiscuidad prematrimonial, entonces los Evangelios sinópticos concuerdan. *Nada* que surja después del matrimonio puede justificar el divorcio y, por lo tanto, *todos* los nuevos matrimonios luego del divorcio son adúlteros. Las normas de Jesús son absolutas, no relativas.

Para muchos, esto parecerá "duro", "cruel" y "falto de compasión", todo lo cual ha sido dicho de los predicadores que lo sostienen. Pero Mateo mismo registra que Jesús exigía una "justicia" mayor que los judíos más estrictos y que aplicaba aun los diez mandamientos de una forma más severa. Su compasión nunca lo llevó a reducir las normas al nivel de las personas, sino a hacer todo lo que pudiera, aun morir, para levantar a las personas a sus normas. Sus seguidores deben hacer lo mismo.

El lector tal vez no esté totalmente convencido por el argumento presentado a favor de la tercera interpretación de la cláusula "excepto", pero al menos una semilla de duda acerca de la posición tradicional puede haber sido sembrada. De ser así, podemos preguntar: "¿a quién deberíamos dar el beneficio de la duda, a nuestro Señor o a nosotros, que estamos tan ansiosos por justificarnos?".

Nota del autor: Allá por la década de 1960 fui elegido para participar de la Evangelical Alliance Commission on Divorce (Comisión de la Alianza Evangélica sobre el Divorcio), para considerar el cambio propuesto en la ley inglesa de "causa probada" a "ruptura irrecuperable". Cuando hice conocer mi punto de vista sobre "fornicación" en la cláusula "excepto", se me pidió que preparara un escrito sobre el tema para la reunión siguiente, que entregué debidamente. Sin embargo, el presidente, John Stott, tomó la posición de "adulterio" y la mayoría concordó con él; esto terminó siendo incluido en el Informe. Como la persona más joven presente, no tuve la valentía de presionar para que la Declaración en Minoría fuera incluida, una omisión que lamento al día de hoy. Estábamos unánimes en nuestra expectativa de que la nueva legislación produciría un aumento considerable en la cantidad de divorcios, como ha demostrado ser el caso.

Nota

Para los lectores que desean una investigación más detallada del significado y el uso de "fornicación" en el griego clásico, el Nuevo Testamento y la historia de la iglesia primitiva, hay una excelente pieza de investigación en el libro de Daniel R. Jennings: *Except for Fornication*.[2] publicado por Sean Multimedia, en www.seanmultimedia.com. El subtítulo es: *Why Evangelicals Must Reevaluate their Interpretation of Matthew's Divorce Exception Clause*.[3] Establece un argumento convincente a favor de limitar la fornicación a pecadores solteros.

3. SU EJEMPLO (Juan)

Todos los estudiantes de la Biblia son conscientes del contraste entre los Evangelios "sinópticos" (Mateo, Marcos y Lucas) y Juan, a menudo llamado "el cuarto Evangelio" (aparece en cuarto lugar en la Biblia y fue el cuarto en ser escrito, mucho tiempo después de los otros). La diferencia puede ser descrita de muchas formas. Todos los sinópticos contienen parábolas del reino que no aparecen en el suyo. El suyo contiene los grandes dichos "Yo soy", que faltan

---

[2] En español, *Excepto por fornicación*.
[3] En español, *Por qué los evangélicos deben reevaluar su interpretación de la cláusula de excepción para el divorcio en Mateo*.

en los de ellos. Los sinópticos son registros de lo que Jesús *hizo* y *dijo*. Él está más preocupado por quién *era* Jesús.

Juan es el único autor del Evangelio en declarar su propósito (20:30). Esto suele malentenderse cuando no se toman en cuenta tiempo de los verbos en el versículo, que está en la forma griega de "presente continuo", que significa continuar haciendo algo. Él no estaba escribiendo para persuadir a los no creyentes a comenzar a creer, sino para ayudar a los creyentes a seguir creyendo que él *era* el Hijo de Dios; y que siguieran creyendo que seguirían teniendo vida (los mismos tiempos pueden encontrarse en Juan 3:16). Estaba escribiendo en Éfeso, para contrarrestar una herejía enseñada por Cerinto que decía que Jesús no era ni plenamente humano ni plenamente divino, ¡sino algo entremedio! Para apoyar su divinidad, Juan usó siete testigos (de Juan el Bautista a Tomás), siete milagros (todos más espectacularmente "divinos" que los de los sinópticos) y siete afirmaciones acerca de sí mismo (desde "pan del cielo" a "camino", "verdad" y "vida").

Pero la diferencia que nos concierne aquí es el cambio de multitudes a individuos. Jesús trató con ambos, y algunos de sus mensajes más memorables fueron dados a una sola persona. Dos ejemplos vienen a la mente: la mujer junto al pozo y la mujer sorprendida en adulterio.

Juan 4:4-42

Los samaritanos eran el resultado de matrimonios mixtos, entre judíos que escaparon de las deportaciones de Israel a Asiria y de Judá a Babilonia y los cananeos que quedaron en la tierra. Los judíos que volvieron del exilio los despreciaban y aun los odiaban, a tal punto que los peregrinos galileos a Jerusalén tomaban la ruta mucho más larga a través de la ribera este del Jordán para evitar pasar por Samaria, y cruzaban de vuelta en Jericó. Todo lo cual hace que la parábola del buen Samaritano sea muy conmovedora y desafiante.

Jesús "tenía" que tomar el atajo (no se nos dice por qué), lo cual lo puso cara a cara con una samaritana mala. Ella había venido a sacar agua de un pozo en la hora más caliente del día posiblemente para evitar encontrarse con otros. Sorprendida porque Jesús le pide tomar agua (porque, como explica Juan, "los judíos no usan nada en común con los samaritanos"), él le dijo entonces acerca de su propia capacidad y disposición para darle un sorbo de una bebida superior, "agua que da vida". Se estaba refiriendo al Espíritu Santo (7:39), pero ella no lo sabía, así que hizo un chiste ligero y evasivo sobre su viaje diario al pozo.

Era hora de ponerse serio y personal. Cuando Jesús le dijo que trajera a su esposo para encontrarse con él, ella dijo que no tenía uno. Es una inesperada "palabra de sabiduría", se le dijo que ya había pasado por cinco de ellos y que ahora estaba conviviendo con otro hombre. Esta exposición precisa la convenció de que debía estar hablando con el Mesías esperado y salió corriendo para compartir su descubrimiento, lo cual terminó produciendo un mini avivamiento entre los samaritanos, que demostraron estar "maduros para la cosecha".

No se nos dice cómo había "perdido" cinco esposos. Es altamente improbable que haya enviudado cinco veces. Por lo menos algunos, si no todos, fueron por divorcio. Ciertamente estaba pecando contra la ley mosaica (al que adherían los samaritanos al igual que los judíos; lo siguen haciendo al día de hoy). Convivir era fornicación. ¿Por qué no estaba casada con el hombre número seis? Tal vez no se había divorciado aún del número cinco. Sea como fuere, su estilo de vida había sido, y aún era, ilegítimo.

Lo que tenemos mucho interés en saber es *si* Jesús la aconsejó acerca de sus relaciones y, si lo hizo, *qué* le dijo que hiciera para arreglar la situación a los ojos del Dios justo. Para nuestra frustración, ¡no se nos dice! Hay muchísimas posibilidades. Podría haberle dicho que volviera a su esposo 5, o 4, 3, 2 o 1. O que se casara con el número 6, o que se mantuviera célibe de ahí en adelante. O que encontrara un nuevo hombre que creyera en Jesús. O aun, como era una evangelista tan exitosa, que las reglas de él sobre el divorcio y el nuevo matrimonio eran obviadas en su caso (una posibilidad que podría parecer absurda, pero que le fue presentada al autor).

Que no se nos diga puede deberse al hecho de que el propósito de Juan es destacar la persona de Jesús, qué y quién es, más que transmitir sus instrucciones para la vida a sus apóstoles. La situación samaritana es una ilustración (lea nuevamente los versículos 25-29 y 42).

Puede haber una razón adicional por la que Juan incluyó tan poca información acerca de la recuperación personal de la mujer. El Espíritu Santo no quería que tuviésemos nada como un precedente legal que pudiésemos aplicar a situaciones similares. La naturaleza humana prefiere seguir un compendio de soluciones antes que luchar con la aplicación de la sabiduría. Cristo es nuestra sabiduría (1 Corintios 1:30).

Sin embargo, vayamos a otro relato que sí incluye el consejo de Jesús a otra mujer inmoral.

Juan 8:2-11

Lo primero que debe decirse acerca de este incidente conmovedor es que no está tan bien autenticado como el resto del Evangelio de Juan. Los manuscritos griegos más antiguos no lo incluyen, como lo señalan algunas traducciones en una nota al pie. Pero suena tan fiel a la actitud y las acciones de Jesús que la mayoría de los predicadores no titubean en citarlo como auténtico. Pero pocos aprecian lo que Jesús estaba haciendo por la mujer, porque carecen de las perspectivas judías.

La mayoría se da cuenta de que, al arrastrar a la mujer culpable ante Jesús, el objetivo era él más que ella. Era una "trampa", enfrentándolo con una opción aparentemente imposible. La ley de Moisés ciertamente exigía la pena de muerte por apedreamiento para el adulterio. Si Jesús se oponía a ella en este caso (¿sospechaban que haría eso?), podría ser acusado por los judíos de deshonrar la ley. Si lo aprobaba, sería acusado por los romanos de desobedecer la ley de ellos, que exigía derechos exclusivos para la pena capital. De una forma u otra, Jesús estaría en verdaderos problemas.

El foco no está en la mujer sino en Jesús mismo y en su sabiduría, que le permitió escapar de la trampa sin incriminarse. Demostró ser un mejor abogado que sus oponentes (una lección que era ciertamente consistente con el propósito de todo el Evangelio). Podría haber usado la legislación que exigía la muerte del hombre y *también* de la mujer sorprendidos en adulterio (Deuteronomio 22:22), y la mujer había sido prendida en el acto mismo. Era un caso grave de machismo.

En cambio, apeló a una costumbre legal en la cultura judía de que nadie podía ser un testigo para la acusación que hubiera sido culpable del mismo crimen que se había cometido. Muchos han pensado que "sin pecado" significaba de cualquier tipo. Solo los moralmente perfectos pueden administrar castigo alguna vez. ¡Eso significaría el final de toda aplicación de justicia! Ningún policía, ningún padre o madre podría cumplir con su responsabilidad. Y, sin embargo, la afirmación de Jesús se cita por lo general de forma tal que debe abandonarse toda retribución. No, estaba diciendo a los acusadores de la mujer: "si ustedes no han participado jamás en sexo ilícito, ¡están en condiciones de juzgarla!". Es significativo que los mayores reconocieron su pecado más rápidamente, mientras que los menores trataron de hacer de cuenta que no eran culpables. Sin embargo, aun ellos terminaron por retirarse. Dicho sea de paso, este principio de que nadie que es culpable de la *misma* ofensa tiene el derecho de juzgar a otro está escrito en la conciencia humana.

Entretanto, Jesús estaba agachado y escribiendo con su dedo en el polvo junto a sus pies. No se nos dice por qué hizo esto o qué fue lo que escribió. ¿Era simplemente para quitar su mirada penetrante de la mujer maltrecha y sus acusadores, dándoles tiempo para reconsiderar su posición? ¿O les recordó que Dios había escrito el séptimo mandamiento con su dedo en la piedra para Moisés (Éxodo 31:18)? ¿O estaba sugiriendo que él mismo había participado, con su mano o con su dedo, en escribirlo? La razón de incluir este detalle es simplemente que lo hizo, sea cual haya sido su intención. Esta clase de aspectos específicos casuales son un argumento a favor de la precisión y la autenticidad del relato.

Jesús había evitado caer en la trampa que le habían tendido También había rescatado a la mujer de su situación difícil y peligrosa. A ella le dirigió primero una pregunta doble, destacando la ausencia de los que la habían prendido, a lo que ella dio la respuesta obvia. Entonces él le dio su propio veredicto e instrucción.

Se puede leer demasiado en la frase "ni yo te condeno". No estaba diciendo que estaba perdonada, y mucho menos que ahora era salva, aunque a los predicadores les encanta verlo así. Estaba afirmando un simple hecho, basado en la ley judía de que un caso tan serio exigía el testimonio de primera mano de "dos o tres testigos". Pero todos se habían ido, y Jesús no era un testigo, aunque tiene que haber sabido que ella era culpable. Así que sus palabras equivalen simplemente a "caso cerrado". No había simplemente nada que contestar.

Esta declaración de virtual inocencia fue seguida por una orden cortante, clara y directa: "Ahora vete, y no vuelvas a pecar". Es un llamado a un verdadero arrepentimiento, no a la fe. En términos sencillos: "no vuelvas a hacerlo". Hay también una sutil sugerencia en el uso del tiempo presente continuo del griego para el verbo "pecar". Ésta no había sido una falla momentánea u ocasional, sino un hábito regular con muchos o una relación en curso con alguien. De una forma u otra, al menos uno de ellos había estado casado, para calificar para la acusación de adulterio. La versión NIV (inglesa) tiene la traducción correcta: "Deja tu *vida* de pecado".

Es una orden inequívoca. Es una advertencia para abandonar relaciones pecaminosas, para que no ocurra algo peor. Uno solo puede especular lo que hubiera dicho Jesús si la hubieran traído de vuelta a él unos meses después, habiendo desobedecido su consejo, habiendo resumido relaciones erróneas.

Como vimos en los otros Evangelios, ¡Jesús enseñó claramente que la mayoría, si no todos los nuevos matrimonios luego del divorcio estaban cometiendo adulterio (continuamente)! ¿Serían sus instrucciones para ellos de alguna forma diferentes de lo que dijo a esta mujer? Los lectores pueden sacar sus propias conclusiones.

6

LO QUE DIJO PABLO

Está de moda en ciertos círculos poner una cuña entre Jesús y Pablo, en detrimento de la influencia del último en nuestras creencias y conducta. Hasta se lo acusa de complicar el evangelio "sencillo" enseñado por Jesús, haciéndolo más teológico que práctico, más doctrinal que dinámico. Por lo tanto, ha distorsionado el "cristianismo", que necesita ser rescatado de sus garras y restaurado a su pureza original.

Esto cuestiona la autoridad además de la integridad de Pablo. Sugiere que sus puntos de vista tienen menos peso que los de Jesús (¿es por esto que algunos adoradores se sientan para la lectura de las Epístolas pero se paran para los Evangelios?). Los eruditos han sido prontos en señalar que Pablo mismo distingue entre la enseñanza de Jesús ("no yo, sino el Señor") y la propia ("no el Señor, sino yo"), en un pasaje que consideraremos en detalle (1 Corintios 7:10 y 12).

Sin embargo, Pablo defendía constantemente su autoridad apostólica, derivada de su llamado y comisión directos por el Jesús resucitado y ascendido. También dijo estar inspirado por el Espíritu Santo (1 Corintios 7:40). Así que no estaba poniendo su consejo en el nivel menor de su "opinión" solo, sino diferenciando entre lo que Jesús dijo realmente sobre el tema, que estaba citando, y la revelación fresca que él mismo había recibido, ambos reconocidos como escritura, inspirada y autoritativa (ver 2 Pedro 3:16), que requerían una confianza y obediencia obligatorias.

Así que las palabras de Pablo sobre nuestro tema son tratadas aquí con la misma seriedad que las de Jesús en el capítulo anterior. Él agregará perspectivas nuevas, pero originadas en el mismo Espíritu de verdad. De modo que siempre serán complementarias, nunca contradictorias. Cualquier inconsistencia de interpretación o aplicación está abierta a sospecha de inmediato.

Sobre el divorcio y el nuevo matrimonio, muchos dicen que Pablo es más relajado, más flexible, más "liberal", ¡más pastoralmente sensible que Jesús! Dicen que él ha agregado otra enorme excepción (deserción) a la única de Jesús (fornicación). Algunos hasta dicen que ha removido todas las restricciones al decir que los que son "liberados" del matrimonio no están pecando cuando vuelven a casarse. Y si alguien ya está divorciado y se ha vuelto a casar cuando llega a la fe, debe "permanecer como está". Todo esto está basado en un capítulo (1 Corintios 7) que, a primera vista, parece bastante inconsistente con la postura firme del "Señor" Jesús. Nos corresponde recorrer muy cuidadosamente las cartas de Pablo, asegurándonos de entenderlo realmente. Hay tres pasajes en particular que requieren nuestra atención:

Romanos 7:1-6

Estos tres versículos contienen la afirmación inequívoca de que "la casada está ligada por ley a su esposo sólo mientras éste vive". Vale la pena notar el verbo (en griego, *dedetai*). Está en el tiempo *perfecto*, que significa "un suceso pasado con un efecto que continúa", y se traduce mejor como: "ha quedado ligada", una referencia atrás a la boda. No se menciona ninguna excepción. El matrimonio es de por vida, que era también la postura de Jesús (Marcos 10:6-9).

Sin duda eso pone fin a la cuestión. El matrimonio es indisoluble, excepto por la muerte de un integrante de la pareja. Sin embargo, algunos sostienen que ésta no es necesariamente la conclusión de este texto, por las siguientes razones:

Pablo ha hecho una afirmación positiva, pero no ha seguido con el corolario negativo de que nada ni nadie fuera de la muerte puede disolver un matrimonio. Así que no está excluyendo otras posibilidades. Pero esto es lo que llamamos un "argumento a partir del silencio", que está basado en lo que *no* se ha dicho, que es notoriamente poco confiable.

Más fuerte es el punto de que Pablo acá no está tratando directamente con el matrimonio o el divorcio, sino simplemente usándolo como una ilustración, una analogía, para la verdad más amplia de que la muerte libera de restricciones legales, así que la muerte de Cristo lo liberó a él, y en él también nosotros somos liberados de "la ley". Pero debemos señalar que la comparación de Pablo está basada en hechos, no en ficción. Está citando "la ley" sobre el matrimonio, que disuelve la muerte, como el principio que se aplica a todas las leyes.

Esto plantea la pregunta de qué "ley" está citando. Se está refiriendo a una "ley" con la que sus lectores están familiarizados. Pero ni las leyes griegas ni romanas ligaban a una pareja por el resto de sus vidas. El divorcio y el nuevo matrimonio eran frecuentes en la sociedad gentil. Tampoco puede ser esto una referencia a la legislación mosaica, la Torá, que aprobaba y regulaba el divorcio. Pablo debe estar hablando de la "ley" original de Dios para el matrimonio, del que sus lectores romanos tienen que haber sido informados durante su discipulado.

Parece apropiado incluir este pasaje en nuestro estudio. Si bien la referencia de Pablo al matrimonio es tangencial a su argumento principal, podría ser importante por esa misma razón, indicando que puede darse por sentado que el matrimonio es de por vida.

1 Corintios 7:1-40

La mayor parte del tratamiento de Pablo sobre nuestro tema se encuentra aquí, así que debemos examinarlo con cuidado, esperando determinar la comprensión, tanto del escritor como de sus lectores, de la carta original, que no siempre es fácil.

Debemos comenzar con la cultura y filosofía más amplia de Grecia. El "dualismo helenista", como se la llama, separaba el aspecto espiritual de la vida del físico, elevando el primero y degradando al segundo. El cuerpo era una desventaja, aun una prisión, para el alma. La muerte liberaba al alma inmortal del cuerpo mortal (casi lo opuesto al pensamiento cristiano; 1 Corintios 15:54).

Esto llevaba a dos actitudes opuestas hacia la conducta sexual: ya sea la promiscuidad, porque el cuerpo no afectaba al alma, o el ascetismo, porque lo afectaba. Ambos extremos afloraron en Corinto. Al ser un puerto de mar, la prostitución estaba generalizada. Tal vez como reacción, había quienes propiciaban el celibato, incluso el matrimonio sin sexo.

Los creyentes estaban expuestos a ambas presiones, que los atraían a volver a estilos de vida anteriores aun después de haberse arrepentido de ellas. Pablo trató con ambas en su carta. Después de tratar firmemente con un caso de incesto, pasó al uso general de las prostitutas. Esta clase de indulgencia, junto con otros hábitos pecaminosos, podría poner en peligro su herencia futura del reino venidero de Dios. (Dicho sea de paso, note que los fornicadores [*pornoi*] y los adúlteros [*moixoi*] están listados por separado como categorías bien distintas). Eso es porque lo físico y lo espiritual están integrados por un Dios que es nuestro Creador y Redentor. ¡Un cristiano puede llegar a vincular a Cristo con una prostituta (6:15)!

Difícilmente sorprenda que algunos de los creyentes corintios reaccionaran con una actitud de mojigatería excesiva, acogiendo una enseñanza que decía que "es bueno no tocar a una mujer" (la traducción literal de 7:1). Muchos han tomado esto como una afirmación de Pablo que propiciaba el celibato, algo que sin duda hace en otra parte de este capítulo (la versión NIV traduce "no tocar" como "no casarse"). Pero el contexto inmediato sugiere otra cosa. Está respondiendo una carta de Corinto que trata con un punto que han planteado y Pablo va directamente a enfatizar el deber y la necesidad de las relaciones sexuales dentro del matrimonio. Por lo tanto, tiene mucho más sentido tomar el versículo 1 como un ejemplo de la enseñanza ascética extrema que estaba invadiendo la comunidad corintia, acerca de la cual sus corresponsales estaban buscando su opinión. "Tocar", por lo tanto, es un eufemismo para el sexo, y se les ha dicho que toda gratificación, aun dentro del matrimonio, inhibe el desarrollo espiritual (como, en nuestro día, Mahatma Gandhi llegó a creer y a practicar). "… bueno le sería al hombre no tocar mujer" (RVR1960) puede ser entendido como que significa "beneficioso" en vez de moralmente correcto, como en el caso del celibato en el versículo 8. Tal vez "mejor" sería preferible a "bueno" en este caso ("es mejor no tener relaciones sexuales", NVI).

Tal vez esperaban que Pablo estuviera de acuerdo con este consejo, sabiendo que era soltero y que era partidarios del celibato. Debe haber sido una sorpresa que alentara el aspecto físico del matrimonio. La idea de que el cuerpo de cada pareja *pertenecía* al otro, especialmente el del esposo a la esposa, era revolucionario. Pablo puso restricciones estrictas a toda abstinencia sexual dentro del matrimonio. La relación sexual debe ser mutuamente aceptable, temporal y para un propósito espiritual. Una denegación unilateral de satisfacción sexual daba al demonio una oportunidad para destruir el matrimonio (uno de las muy pocas veces que Pablo menciona a Satanás). El sexo es tanto un elemento beneficioso como una obligación mutua. Pero su ejercicio debe mantenerse exclusivamente dentro del matrimonio. Note "su propio cuerpo", del esposo y de la esposa. Denegar la satisfacción solo pone una tensión sobre el autocontrol y alienta a mirar en otra dirección.

Pablo agrega que su punto de vista es "como una concesión, no como una orden", que parece referirse atrás a su consejo sobre la abstinencia temporal y por acuerdo mutuo, que no es un requisito obligatorio en un matrimonio cristiano, sino enteramente voluntario. En su propio caso, se abstiene del matrimonio y, por lo tanto, del sexo por completo, y desea que todos los demás lo hicieran, pero reconoce que ambos estados requieren un "don de Dios" para que sean exitosos.

Habiendo tratado con la pregunta corintia, Pablo plantea otras cuestiones, que involucran el matrimonio y el divorcio, si bien nada acerca del nuevo matrimonio luego del divorcio, como veremos. Después de dirigirse a todos hasta ahora, Pablo ahora vuelca su atención a grupos específicos.

Primero, tiene una palabra para los que no están casados, ya sea porque nunca lo han estado o porque su cónyuge ha muerto. Les recomienda seguir como están ("como yo", por segunda vez). Éste es el "mejor" rumbo, que es un significado más correcto que "bueno". Pero Pablo es un realista, y reconoce la fuerza del deseo sexual y el grado de autocontrol necesario para refrenarlo o sublimarlo. Eso está detrás de su tristemente célebre consejo: "es preferible casarse que quemarse de pasión". Ésta no es ni la única y la principal razón para buscar una pareja, pero ciertamente es un factor real. El matrimonio es la salida dada y diseñada por Dios para canalizar este impulso. Cuando no es controlado puede hacer destrozos en la sociedad humana, y la palabra "corintio"[4] mismo se ha convertido, en el idioma inglés, en un sinónimo del caos moral resultante. Pablo no está presentando el matrimonio como el "menor de dos males", como algunos lo acusan, sino como la solución divina para el problema.

Segundo, habla a los casados. Ésta es una sección crítica para nuestro tema. Hay cambios notables con relación al párrafo anterior. Su tono es de amonestación más que de consejo, orden más que sugerencia, de ustedes *pueden* a ustedes *deben*. Y su autoridad pasa de él y su propia sabiduría al Señor Jesús y la enseñanza de él, que ahora cita.

Lo aplica tanto a esposas como a esposos, por separado y en ese orden. Muy simplemente, el divorcio está descartado. No es una opción. Tampoco hay excepciones. Las parejas "no deben" separarse. Está fuera de discusión. Nada podría ser más claro.

Sin embargo, ¡entre las prohibiciones absolutas a los miembros de la pareja hay otra afirmación que parece ser una excepción! Está dirigida a la mujer, más que al hombre, y comienza diciendo: "pero si *se separa*" (que es un sinónimo del divorcio). Ésta es una traducción desafortunada y engañosa, que ignora el tiempo del verbo, que es "perfecto" (usado de un suceso pasado con un efecto que continúa). La frase debería traducirse: "pero si *ya se ha separado*". Esto se refiere probablemente a antes de su

---

[4] En inglés, Corinthian.

conversión, solo posiblemente antes de oír la enseñanza cristiana sobre el tema.

Sea como fuere, solo le quedan dos opciones: permanecer soltera *o* la reconciliación con su ex esposo. Si lo último no es posible (si él se ha vuelto a casar, por ejemplo), entonces deberá ser el celibato. El nuevo matrimonio está prohibido. Los Evangelios no registran en realidad que Jesús mencionara esta circunstancia, pero es una inferencia lógica de su postura general, así que Pablo lo puede incluir aquí.

Ahora pasa "a los demás". Esta frase difícilmente pueda significar el resto de sus lectores. Habiendo escrito a los no casados y a los casados, ¡los ha cubierto a todos! Así que probablemente se refiera a los demás interrogantes de los corintios en la carta que le escribieron. Por cierto, ahora trata con casos más específicos dentro de las dos categorías principales de casados y no casados, así que:

Tercero, habla de los matrimonios "mixtos", entre creyentes y no creyentes. Por supuesto, esto no tendría que haber ocurrido en absoluto. Los cristianos, como los judíos, no deben casarse fuera del pueblo de Dios (Éxodo 34:16; Malaquías 2:11-12; 1 Corintios 7:39; 2 Corintios 6:14), pero algunos lo hacen de todos modos. En algunos casos, el no creyente ha hecho una profesión de fe antes del matrimonio que demuestra ser irreal después. Mucho más probablemente, Pablo está pensando en la conversión de un integrante de la pareja después del matrimonio, encontrándose en un "yugo desigual" que no fue buscado.

A Pablo le preocupa que el creyente no desarrolle una conciencia culpable acerca de esto y piense en separarse de su cónyuge no creyente. Si está dispuesto a quedarse, el creyente debe mantenerse también en lo que Dios considera como un "matrimonio santo". Es una relación sagrada, no secular, a sus ojos, que debe ser mantenida intacta por el creyente, si es posible. El no creyente es "santificado" por el creyente. Esto no significa que sea salvo o que esté viviendo una vida santa. Pero sí significa que ya no está en la categoría de "profano" del cual un creyente debe separarse para evitar ser contaminado. Lógicamente, si el creyente piensa que está siendo contaminado por la pareja y debe separarse de ella, entonces cualquier hijo debe estar contaminado y debe ser abandonado también. Resumiéndolo todo, el creyente *nunca* está justificado en iniciar un proceso de divorcio por razones "espirituales" o por cualquier otra razón.

Pero, ¿y si el no creyente quiere salirse? Él o ella nunca quiso una relación tan íntima con un cristiano, ¡y la persona bien podría sentirse horrorizada de encontrarse en la cama con uno! Podría sentirse incómoda, avergonzada y aun ofendida por la asociación. Podría pasar más allá de esto a la hostilidad y al odio. Ciertamente podría conducir a desacuerdos y discordia en el hogar, detrás de o frente a los hijos.

El consejo inesperado de Pablo es dejar que se vaya, darle un divorcio si lo quiere. Acaba de decir a los cristianos que no rompan un matrimonio porque es "santo", ¡y ahora les está aconsejando que lo hagan! Pero las circunstancias han cambiado. En el primer caso, el no creyente estaba dispuesto a quedarse; ahora no. La voluntad es el factor fundamental es un matrimonio (de ahí las palabras cruciales en las ceremonias modernas: "Sí, quiero"). Los matrimonios forzados sin consentimiento no son la voluntad de Dios.

La sabiduría es flexible y se adapta a las situaciones (si bien nunca pierde de vista los principios morales fijos). El consejo aparentemente contradictorio de Pablo es, de hecho, consistente. Cuando la pareja no creyente está dispuesta a quedarse, teme que el creyente piense que su deber es irse. Cuando el no creyente quiere irse, teme que el creyente piense que su deber es quedarse. Es decir, deben hacer todo dentro de sus posibilidades para mantener el matrimonio unido como santo para el Señor, oponiendo la voluntad del no creyente con su propia voluntad. Un ejemplo sería rehusándose a cooperar en un divorcio. Pablo da tres razones por las cuales toda renuencia de ese tipo es inapropiada.

Primero, el matrimonio no es esclavitud. "En tales circunstancias, el cónyuge creyente queda *sin obligación*" (versículo 15). Esta afirmación ha sido tan malinterpretada y mal aplicada que debemos darnos cuenta primero lo que Pablo *no* está diciendo. Fue en el siglo XV después de Cristo que el humanista cristiano Erasmo, buscando una aproximación más "humana" a los divorciados, encontró aquí una "excepción" adicional a la estricta prohibición de divorcio y nuevo matrimonio, a saber la deserción. Esto fue aceptado por los reformadores protestantes de su tiempo, liderados por Lutero. A partir de ellos ha ingresado a la tradición evangélica, y es conocida como "la excepción erasmiana". Hablando bíblicamente, solo podría aplicarse a un no creyente que deja a un creyente, pero muchos lo han hecho más general, aun extendiéndolo a un creyente que hace abandono. Sin embargo, esto descansa en la suposición de que Pablo se está refiriendo al estado *futuro* del creyente, y está "sin obligación" de permanecer soltero, sino que está libre para volver a casarse, si encuentra una pareja más agradable.

Lamentablemente, las traducciones inglesas-españolas por lo general ignoran tanto el tiempo del verbo como el verbo mismo. El tiempo es pasado, no presente o futuro (en realidad, el tiempo "perfecto", de nuevo refiriéndose a un suceso pasado con efecto que continúa) y debería traducirse: "estaban sin obligación". Pablo se está refiriendo a la primera boda, y no está discutiendo la posibilidad de una segunda, como concuerdan los eruditos contemporáneos (ver, por ejemplo, el volumen definitivo de Gordon Fee en la serie New International Commentary, publicado por Eerdmans).

Además, el verbo es bastante diferente del verbo (*deo*) y el sustantivo (*desmos*) que siempre se usan para el matrimonio. Es *douleo*, tomada del mundo de la esclavitud (esclavo es *doulos*), nunca usado en el matrimonio. Así que debería traducirse: "ustedes no estaban esclavizados", es decir en su matrimonio. Un esclavo cristiano tiene el deber de mantenerse en ese vínculo, que es la razón por la que Pablo envió a Onésimo de vuelta a Filemón. Pero el matrimonio es bastante diferente. Es un lazo, no una cadena, que es lo más cerca que podemos llegar a la distinción en inglés-español.

Esto tiene mucho más sentido en su contexto. Es la primera de tres razones por las que el creyente no debería hacer que el no creyente se mantenga en el matrimonio.

Segundo, Dios nos ha llamado a vivir en paz. Él es el "Dios de paz", y quiere que seamos lo mismo. La armonía es principalmente debido a voluntades que están de acuerdo, y nada la destruye más rápidamente que cuando una persona impone su voluntad sobre otra (¡o su no voluntad!). De nuevo, esto refuerza el sabio consejo de Pablo de dejar ir al no creyente.

Tercero, retener a una pareja reticente podrá no conducir a su salvación. Pablo está anticipando una objeción a este consejo: "Pero yo soy su único vínculo con el cristianismo; si lo dejo ir, podrá perderse por la eternidad". Pablo, por lo tanto, pregunta: "¿Cómo sabes que tú serás su medio de salvación?". Algunos piensan que espera una respuesta positiva, que sería un argumento a favor de retener el matrimonio. Pero el contexto exige una respuesta negativa ("No lo sé"), por lo tanto otra razón para dejarlo ir. De hecho, esto es más probable que haga que la pareja tenga una actitud de simpatía hacia los cristianos que tratando de forzarla a quedarse.

En todo esto, Pablo reconoce que no puede citar la enseñanza de Jesús, que nunca habló acerca de matrimonios mixtos, hasta donde sabemos. De ahí la frase introductoria: "les digo yo (no es mandamiento del Señor)". Pero esto no significa que pueda ser descartado como "solo su opinión". Concluirá esta sección sobre temas matrimoniales diciendo: "y creo que yo también tengo el Espíritu de Dios", que es la fuente divina de las "palabras de sabiduría", sin hablar de su autoridad apostólica. Sus "opiniones" son, por la misericordia del Señor, confiables (versículo 25).

En este punto, Pablo avanza hacia un tema más general, impulsado por la discusión sobre matrimonios mixtos y la responsabilidad del creyente de quedarse en lo que podría no ser una situación fácil o agradable, a menos que el no creyente quiera irse. Pasa al problema más amplio de "pies inquietos" en los creyentes, especialmente en nuevos conversos. Habiendo encontrado una nueva fe y una nueva vida, es muy frecuente querer ejercerlos en un nuevo entorno, más compasivo o aún más estimulante. Esto ocurre especialmente en los conversos jóvenes, que imaginan que podrían ser mejores cristianos en otro entorno (¡un seminario bíblico o aun en el campo misionero!), una ilusión alentada por algunos obreros juveniles. El problema ha estado ahí desde el principio.

Ya hemos notado un refrán que recorre todo este capítulo: "quédense donde están". En lo que es casi un paréntesis, Pablo refuerza este consejo. Dios quiere que permanezcamos en la situación en la que nos llamó hasta que nos diga que nos movamos. Pablo ilustra esto desde la cultura judía y gentil, la circuncisión y la esclavitud. ¡Al decir "que no disimule su condición" ("no debe volverse incircunciso", NVI) no se refiere a trasplantarse el prepucio! Es un eufemismo para abandonar la cultura hebrea, basada en la Torá.

Esto no significa una aceptación permanente de la "estación" de la vida que uno tiene por el resto de su vida. Un esclavo puede obtener su libertad legítimamente, y debería hacerlo. Y un creyente libre nunca debe venderse a la esclavitud. Tampoco significa que un cristiano deba permanecer en un empleo que es inmoral o ilegal (por ejemplo, un prostíbulo o un casino).

Resumiendo, la situación *en* la que Dios lo llamó es normalmente la situación *a* la que Dios lo ha llamado. Algunos han considerado que esto se aplica a un converso que se ha divorciado y vuelto a casar, sugiriendo que siga con la última pareja. Sin embargo, como hemos señalado ya, Pablo no trata con la cuestión del nuevo matrimonio después del divorcio en absoluto, si bien algunos dicen que lo hace en el siguiente párrafo, al que recurrimos ahora.

El siguiente grupo especial al que se dirige es a los que no están casados. Por tercera vez en este capítulo (versículos 7, 8, 26) los insta a permanecer solteros, como algo "bueno" (no correcto, sino provechoso). Por primera vez da su razón para la opción: la "crisis actual", sin especificar cuál es, si existencial (una local y temporal, como una hambruna) o escatológica (universal y final, "este mundo malvado" de conflicto entre los reinos de Dios y Satanás, que finaliza en el juicio). Lo último es más probable. Pablo estaba muy consciente de la crisis resultante de la primera venida de Jesús, que durará hasta su segunda venida.

Ahora repite su exhortación a "quedarse" solteros en forma de dos preguntas y respuestas retóricas, las primeras de las cuales es bastante directa (los que están casados no deben "procurar divorciarse" ["No procures soltarte", RVR1960]). La segunda ha demostrado ser muy polémica (los que son solteros ["libres de mujer", RVR1960], la misma palabra, no deben "buscar esposa"). Por lo general, la misma palabra en el mismo contexto tiene el mismo significado. Dado que "soltar" es, obviamente, "divorciar" en el primer dístico, muchos suponen que el verbo (griego *luo* = soltar) significa "divorciar" en el segundo.

No habría ningún problema si Pablo no hubiera agregado inmediatamente la reserva: "pero si te casas, no pecas". A primera vista, parece que Pablo está dando permiso, si no aprobación, al nuevo matrimonio después del divorcio. Esto sería una abierta contradicción con lo dice tanto antes (versículo 11: "si se separa, que no se vuelva a casar; de lo contrario, que se reconcilie con su esposo") y más adelante (versículo 39: "la mujer está ligada a su esposo mientras él vive"). También estaría negando la validez de la enseñanza de su Señor. Reconoce que Jesús nunca "mandó" el celibato, así que Pablo no lo convierte en requisito, solo una recomendación (versículo 25); pero seguramente no iría tan lejos como para discrepar con Jesús en un tema tan fundamental.

Así que, ¿cuál es la solución a este dilema? La única posibilidad es que Pablo esté usando el verbo "soltar" de dos formas diferentes, no en su *efecto* (*para qué* es la liberación) sino en su *causa* (*por qué* es la liberación). En la primera respuesta, "suelto" significa "divorciado", y en la segunda, "doliente". Lo que une a ambas partes es que ambas son elegibles a la vista de Dios para casarse.

Pablo comenzó esta sección dirigiéndose a las "personas solteras" que nunca se han casado, y éstas incluían a las que se han casado pero ahora están libres para volver a casarse. Su consejo a ambos grupos es el mismo. En forma positiva, sería mejor que siguieran solteras; en forma negativa, sería malo que se casaran (repite lo último para ambos).

Ahora profundiza en sus razones para recomendar

el celibato. Ya ha mencionado la "crisis actual" y los siguientes versículos confirman que esto es algo universal y permanente más que local y temporal. Una nueva era ha amanecido que reemplazará a la actual. Un nuevo mundo está en camino para reemplazar a éste, cuyos días están contados. Los creyentes deberían estar preparándose para ése en vez de sumergirse en éste. "Nos queda poco tiempo", tanto para el mundo afuera de nosotros como para las personas en él. Y la eternidad es mucho más larga.

Todos los creyentes necesitan este recordatorio. Es demasiado fácil dedicar tanto tiempo y atención al aquí y ahora que descuidamos por defecto el allá y después. Nos involucramos demasiado en lo que es, después de todo, temporal, incluyendo el matrimonio. Pablo refina su advertencia usando una figura de expresión que llamamos hipérbole (exageración para lograr un efecto), como hacía el Señor Jesús (Mateo 5:29-30, con el claro significado de control drástico de lo que miramos o manipulamos más que una amputación física). Pablo exhorta a los casados a vivir como si fueran solteros que, tomado literalmente, cancelaría su consejo en los versículos 3-5. ¡Parece prohibir las reacciones emocionales básicas de tristeza o felicidad ante todo lo que ocurra en su vida! Su exhortación es un poco más "realista" cuando dice a sus lectores que pueden comprar cosas pero no deben considerarlas como propiedad ya que todo quedará atrás. La exhortación final lo resume todo. Usen este mundo pero no se *ensimismen* (griego *kataxraomai* = hacer uso total de algo, estar consumido por algo) por él. No debemos dejar que nuestros sentidos físicos nos aten a este mundo que no está aquí para siempre, y esto incluye el matrimonio, como nos recuerda la frase "hasta que la muerte nos separe". Hacer de nuestra familia o nuestra propiedad la cosa más importante de la vida es un error fundamental, dejándonos mal preparados para el futuro. ¡Vivir para el presente (existencialismo) es una forma destructiva de vida!

A esta razón mayor para propiciar el celibato para los elegibles para casarse, Pablo agrega una menor que puede ser una verdadera presión para los casados, a saber la distracción del trabajo para el reino por las responsabilidades familiares hacia el cónyuge y los hijos. Una persona soltera puede concentrarse en agradar al Señor, pero la casada debe considerar también agradar a su pareja, lo cual puede crear conflictos. La vida es más complicada cuando hay lealtades divididas, como podrían testificar muchos siervos de Dios casados (y esto podría explicar la creciente tasa de divorcios entre ellos):

Pablo ahora se dirige a otro grupo especial, los que están comprometidos para casarse. No es *incorrecto* consumar el matrimonio, especialmente si la mujer está entrando en años, reduciendo su probabilidad de encontrar a otra persona si se cancela la boda. Pero si el hombre se ha convencido de que debería permanecer soltero y está en pleno control de su pasión, entonces romper el compromiso es la cosa *correcta* para hacer. De nuevo, Pablo reitera su convicción de que el matrimonio está bien, pero el celibato es mejor (muy raramente predicado o practicado en nuestra sociedad actual obsesionada por el sexo).

Al resumir sus comentarios sobre el matrimonio (y la soltería), Pablo repite la premisa más fundamental, de que solo la muerte de una pareja disuelve el matrimonio. De otra forma, el vínculo (no esclavitud) matrimonial sigue intacto a la vista del Señor. Pero la pareja sobreviviente (más frecuentemente la esposa, entonces y ahora) está entonces completamente libre para volver a casarse). La única restricción es que el nuevo esposo debe ser otro creyente, aun cuando el primero nunca se haya convertido en uno. El deseo de una compañía renovada o satisfacción sexual no puede pasarlo por alto.

Pero Pablo aún debe introducir su opinión de que la mujer "será más feliz" si se mantiene soltera, agregando que él cree que ha sido inspirado divinamente.

A lo largo de todo, Pablo ha respaldado firmemente a Jesús en su prohibición del divorcio y el nuevo matrimonio. Hemos mostrado que los que encuentran "resquicios" para los divorciados vueltos a casar (en el versículo 15 para algunos y en el versículo 28 para todos) están malinterpretando el texto, especialmente el tiempo de los verbos, que miran atrás al pasado más que alrededor del presente y adelante al futuro, al primer matrimonio más que al segundo.

1 Timoteo 3:1-13

La única frase en estas listas de calificaciones requeridas para quienes actúan en la iglesia como ancianos o diáconos (idealmente, "supervisores" o "siervos") es que sean "esposo(s) de una sola mujer".

Esto no es porque haya una norma más elevada para los "oficiales" en la iglesia que para los miembros comunes, sino porque su posición acarrea la responsabilidad de ser un claro ejemplo de lo que todos somos llamados a ser. No deben ser designados hasta que lo sean.

Pero, ¿qué significa "una mujer"? La Nueva Versión Internacional ha insertado una palabra adicional ("una *sola* mujer"), que da un énfasis adicional, pero podría ser engañoso. Hay tres posibilidades, que quedan reveladas cuando consideramos lo que la frase está excluyendo.

Primero, la alternativa más obvia es la poligamia, tener más de una mujer al mismo tiempo. Ya hemos notado la intención de Dios en el matrimonio de que sea para un hombre y una mujer (en Génesis 2:24). Dado que la redención es la restauración de la creación a su condición original, casi no hace falta decir que la monogamia es la norma para los cristianos. Segundo, se ha entendido como que prohíbe más de un matrimonio durante la vida. Los ministros cristianos deben haber estado casados solo una vez, aun cuando su cónyuge haya muerto. Esto parece excesivamente estricto a la luz de otras escrituras que aceptan libremente el nuevo matrimonio luego de la muerte (Romanos 7:2; 1 Corintios 7:39; 1 Timoteo 5:14). Sin embargo, los primeros "Padres" de la iglesia parecen haberlo entendido de esta forma, aunque eso no significa que tenían razón.

Tercero, prohíbe el divorcio y el nuevo matrimonio. Tener otra esposa mientras la primera aún está viva equivaldría a bigamia o poligamia consecutiva a los ojos del Señor, aun cuando fuera hecho legalmente. Ciertamente sería un mal ejemplo para la grey.

Al relacionar esto con el resto del Nuevo Testamento, el tercer significado posible tendría más sentido y es, por lo tanto, la que prefiere este autor.

Dicho sea de paso, podría parecer frívolo señalar que las mujeres difícilmente pueden ser "esposos de una mujer". Esto sugiere que el ministerio estaba limitado al género masculino, por lo menos en el caso de los ancianos. La referencia a "mujeres" en el versículo 11 podría dar lugar a diaconisas (la palabra *diakonos* se aplica a Febe en Romanos 6:1). Para una discusión completa de los papeles y responsabilidades de los hombres y mujeres en la iglesia, vea el libro del autor *Leadership is Male*,[5] publicado por Anchor Recordings. Esto concluye nuestro estudio de "lo que dijo Pablo".

---

[5] En español, *El liderazgo es masculino*.

7

LO QUE HA DICHO LA IGLESIA

¡Volvemos a los capítulos cortos! Hay varias razones para este cambio de velocidad:

Una es que el autor es un maestro de la Biblia, no un historiador de la iglesia, así que no está realmente calificado en este campo. Otra, es que es un cristiano evangélico, no un liberal, católico u ortodoxo. Por lo tanto, la autoridad de la Biblia sobrepasa en mucho a la de la iglesia. Las escrituras son el árbitro final en todos los temas de creencia y conducta cristiana, anteponiéndose a la tradición.

Así que esto será solo un breve bosquejo de algunos de los cambios de actitud hacia el matrimonio, el divorcio y el nuevo matrimonio en círculos eclesiásticos a lo largo de los siglos.

El lector podrá sorprenderse por la variedad de opinión que surge. Esto ha conducido a las actuales diferencias, ¡que permite a las parejas "ir de compras" hasta que encuentren una iglesia que está de acuerdo con ellas! A su vez, esto convierte en un sinsentido la disciplina de la iglesia, lo cual alienta su abandono.

¿Cómo pueden iglesias que usan la misma Biblia llegar a tal diversidad de principio y práctica? Hay dos causas principales:

La *más obvia* es un alejamiento de las normas

escriturales. Una cantidad cada vez mayor de líderes de iglesia las consideran "culturalmente condicionadas" por las situaciones en las que fueron dadas y pueden, y por cierto deben ser adaptadas para encajar en la sociedad contemporánea. Creen sinceramente que una iglesia que se aferra a normas del pasado perderá su credibilidad presente y sus perspectivas futuras. En el peor de los casos, esta perspectiva está basada en el concepto de un Dios flexible cuya única constante es su amor. En el mejor de los casos, es un intento de hacer al evangelio más relevante y aceptable para el mundo moderno. De una forma u otra, solo tiene éxito en cambiar el evangelio mismo.

Las *más sutil* es imponer una forma particular de pensamiento a las escrituras, que predetermina los resultados. Esto puede ser ilustrado por una sola palabra bíblica: "pacto", usado para los tratos únicos de Dios con los humanos. ¿Cuántos pactos ha hecho él? ¡Las respuestas van de uno a siete! De estos depende la relevancia directa de las diferentes partes de la Biblia para los creyentes cristianos.

Desde la Reforma protestante, por ejemplo, gran parte de la doctrina "reformada" ha supuesto que hay solo *un* "pacto de gracia", como lo llaman, si bien esa frase nunca aparece en las escrituras. Significa que los requisitos del Antiguo y el Nuevo Testamento son todos vinculantes para los creyentes cristianos, tal vez cambiados en forma pero no en significado (la circuncisión se convierte en bautismo, todavía aplicado a bebés; el día de reposo se convierte en domingo, etc.). Deuteronomio 24 todavía se aplica al nuevo matrimonio luego del divorcio.

En el extremo opuesto del espectro, la doctrina "dispensacional" divide a la historia en *siete* eras, en cada una de las cuales Dios exige diferentes requisitos éticos. Aun el sermón del Monte, con su enseñanza sobre el divorcio, es asignado a una era del "reino" futura, llamada "el milenio", Deuteronomio es consignado a una época pasada de la "Ley". Ninguno de estos es para la era de la "iglesia".

Entremedio hay muchos lectores comunes de la Biblia confundidos por los títulos dados a las dos secciones de la Biblia ("testamento" es un sinónimo de "pacto"). El "Antiguo" tiene interés histórico y el "Nuevo" tiene una relevancia eterna. Estudian uno pero viven de acuerdo con el otro.

Este autor cree que hay *cinco* pactos importantes en la Biblia, nombrados según las cinco personas con los que Dios los hizo primero: el noético, el abrahámico, el mosaico, el davídico y el mesiánico. Los cinco figuran en ambos Testamentos. Solo uno es llamado "antiguo" (el mosaico) y solo uno es llamado "nuevo" (el mesiánico). El último ha reemplazado al primero, pero a ninguno de los otros. El autor ha ampliado esta tesis a todo un capítulo en su libro *Defending Christian Zionism*[6] (un actitud hacia el pueblo judío y su tierra que supone que las promesas del pacto abrahámico no han sido cambiadas, y mucho menos canceladas; ver Gálatas 3:17-18; Hebreos 6:13-18). Así que cuatro de los cinco pactos involucran a cristianos.

La cantidad de pactos que se considera que tienen las escrituras y que están relacionados directamente con los cristianos tiene un efecto profundo en su interpretación y aplicación (llamadas, en conjunto, "hermenéutica"). Es hora de ir a nuestra reseña de la historia de la iglesia, que podemos dividir en eras: la primitiva, la imperial, la medieval, la Reforma y la moderna.

---

[6] En español, *Defendiendo el sionismo cristiano*.

LA ERA PRIMITIVA

Cuando la iglesia se extendió desde su lugar de nacimiento judío al mundo grecorromano, se encontró con una cultura en la que el divorcio y el nuevo matrimonio eran cosas habituales. Difícilmente sorprenda, entonces, que los "Padres de la iglesia" (como fueron llamados los maestros de los primeros siglos) dijeron bastante con relación a nuestro tema, ¡de hecho aún más que sobre la segunda venida del Señor Jesús a la tierra!

Parece haber un consenso general entre ellos, que puede resumirse de la siguiente forma. Permitían el divorcio entre cristianos, estrictamente en la base exclusiva del adulterio persistente pero, a diferencia de los judíos, no aprobaban el nuevo matrimonio luego de dicho divorcio. Hasta ponían sus reparos al nuevo matrimonio después de la muerte, especialmente entre ancianos de la iglesia.

Los nombres detrás de esta postura algo inusual fueron Hermes, Justino Mártir, Clemente, Orígenes, Basilio, Ambrosio y Jerónimo. Había uno o dos disidentes, como Ambrosiastro y Atenágoras. El último enseñaba que el matrimonio era para la eternidad (no distinto a las ideas modernas de los mormones) y, por lo tanto, completamente indisoluble.

Resumiendo, la mayoría de los divorcios y nuevos matrimonios eran considerados como pecaminosos y se ejercía una disciplina acorde.

LA ERA IMPERIAL

La "conversión" declarada del emperador romano Constantino trajo un cambio radical. El cristianismo se convirtió, por primera vez, en una religión "establecida" por ley. La iglesia y el estado fueron reunidos en una alianza incómoda, que ha permanecido al día de hoy en muchos países europeos. Las leyes del estado comenzaron a reflejar normas cristianas, pero la influencia no fue en un solo sentido. Como la iglesia estaba aliada con el mundo, la mundanalidad entró en la iglesia, aun en el liderazgo cristiano, que se volvió más modelado por el imperio que por el Nuevo Testamento (por ejemplo, muchos "obispos" en una iglesia local pasaron a ser un obispo regional sobre muchas iglesias y finalmente un obispo (en Roma) era el "padre" (papa) de toda la iglesia, con galas y títulos (ej: "Pontifex Maximus") tomado de "césares" anteriores. Los ermitaños en el desierto y los monjes en los monasterios fueron una protesta contra esta tendencia, y el celibato comenzó a estar asociado con la santidad.

Esto fue acelerado por la conversión de "san" Agustín, de un estilo de vida promiscuo, incluyendo una amante y un hijo ilegítimo, a obispo de Hipona, en el norte de África, y el teólogo más influyente, para bien o para mal, que la iglesia ha tenido jamás. En parte como reacción a su estilo de vida anterior pero más por su educación en la filosofía griega, particularmente el platonismo, inyectó un prejuicio contra lo físico y lo sexual en la corriente principal del pensamiento cristiano que todavía perdura al día de hoy. Aun dentro del matrimonio, se decía que el sexo era "concupiscencia" (lujuria), lo que produjo una actitud negativa hacia el matrimonio, sin hablar del divorcio y el nuevo matrimonio.

LA ERA MEDIEVAL

Los "sacerdotes" a esta altura eran obligados a ser célibes y, por lo tanto, eran modelos de verdadera santidad, ¡por lo menos en esto!

Irónicamente, el matrimonio había sido elevado a uno de siete "sacramentos", dispensados por el clero al laicado. Esto estaba basado en una mala traducción textual de

Jerónimo en la versión Vulgata latina. Había traducido la palabra "misterio" en Efesios 5:32 (griego *musterion*) como *sacramentum*, en latín. Un término que describía originalmente una promesa de lealtad de un soldado romano a su emperador, había llegado a significar un "medio de gracia" controlado por la iglesia.

Como algunos otros sacramentos (el bautismo y la extremaunción para los moribundos), era considerado irrepetible. Por lo tanto, el matrimonio era "indisoluble" y el divorcio estaba absolutamente prohibido, so pena de excomunión (aún lo es en la iglesia católica romana).

La naturaleza humana es experta en encontrar resquicios en la ley, y en este caso se encontró en el concepto de "anulación", que significa descubrir y declarar que un matrimonio nunca ha sido "correcto" desde el principio, por lo general por la presencia de compulsión o la ausencia de consumación. Que esto parece haber sido más fácilmente disponible para quienes pudieran hacer contribuciones sustanciales a los fondos de la iglesia es un comentario adicional sobre la naturaleza humana. Fue el rechazo del papa a conceder la anulación al rey Enrique VIII que provocaría la Reforma inglesa.

LA ERA DE LA REFORMA

Había habido intentos de reformar la iglesia católica en Inglaterra (ej: John Wycliffe) y en Bohemia (Jan Hus), pero fue en Alemania (con Martín Lutero) que el rostro religioso del norte de Europa fue cambiado radicalmente. Su "protesta" comenzó con el abuso de las "indulgencias", la venta de un tiempo reducido en el "purgatorio" (otra innovación romana) para pagar la construcción de San Pedro, en Roma. Pronto incluyó muchas otras distorsiones y abusos, juzgados a la luz de las escrituras solo (*sola scriptura*) como la autoridad final sobre la iglesia. Por ejemplo, Lutero no veía nada en las escrituras que exigiera el celibato de los "sacerdotes", así que se casó con una monja y alentó a otros a seguirlo. Sin embargo, el cambio de actitud sobre el divorcio y el nuevo matrimonio vino de Holanda.

La Reforma coincidió con otro movimiento que comenzó en Italia y se llamó "el Renacimiento". Fue un redescubrimiento de la cultura "clásica" griega y romana. Con ello vino una apelación a la razón (Iluminismo), junto con una visión optimista de la naturaleza y capacidad humana (Humanismo), que luego sería el mayor desafío que el cristianismo bíblico haya enfrentado jamás (ej: el debate alrededor de la creación y la evolución, que aún continúa).

Algunos intentaron combinar estos grandes movimientos, y son conocidos como "humanistas cristianos". Se destacan entre ellos Erasmo de Ámsterdam. Él publicó una edición del Nuevo Testamento griego, que luego Lutero usaría mientras estaba oculto para producir la primera Biblia alemana. Mostraba debilidades en la versión latina, el único texto conocido hasta entonces. Compartía la ira de Lutero hacia Roma, pero pensaban distinto en cuanto a si la reforma debía ser por presión desde adentro o por protesta afuera.

Uno de los aportes significativos de Erasmo al pensamiento protestante fue encontrar una "excepción" adicional para el divorcio y el nuevo matrimonio. Preocupado por la actitud "inhumana" de Roma hacia los divorciados, buscó en las escrituras para ver si podía aliviar sus penurias y encontró el consejo de Pablo al creyente casado con un no creyente hostil. Él creía que "no ligado" se refería al futuro y dejó al creyente libre para volver a casarse. Esto llegó a conocerse como "la excepción erasmiana", y fue adoptada por la mayoría de los reformadores protestantes, pero no todos. Si bien solo fue aplicado al principio a la partida de un no creyente, terminó siendo por la "deserción" de cualquiera de las parejas, aun un creyente.

Esta perspectiva de "doble excepción" persistió a lo largo de la época "puritana" y fue incorporada a su bien conocida "confesión de Westminster". Es sostenida por muchos evangélicos hoy (ver los escritos de John R. W. Stott). Al mismo tiempo, hoy hay una diversidad de opinión mucho mayor.

LA ERA MODERNA

Estamos considerando el siglo XX y principalmente Inglaterra, que es lo que más conoce el autor. Aquí el rasgo de la escena eclesiástica que consideraremos es la diferencia entre la iglesia de Inglaterra y las demás denominaciones (no católicas romanas), es decir las iglesias "establecidas" y "libres". Este patrón aparece reflejado en otras regiones europeas, particularmente en la Escandinavia luterana en el norte y en algunos países católicos en el sur.

1. ESTABLECIDAS

Surgida del rompimiento del rey con el papa por su divorcio y nuevo(s) matrimonio(s), era tal vez inevitable que la iglesia de Inglaterra estuviera acosada por problemas de moralidad sexual. Los fundamentos defectuosos pueden terminar por derribar toda la estructura (como algunos dirán que está ocurriendo ahora mismo en las controversias sobre obispos femeninos y homosexuales).

Enrique VIII, una especie de teólogo aficionado, había escrito un libro contra Lutero en sus años mozos, por lo cual el papa le otorgó el título de "Defensor de la Fe", todavía portado por los soberanos ingleses, y aun inscritos en las monedas inglesas. Luego de su rompimiento desafiante con Roma y la posterior "disolución" (confiscación y destrucción) de monasterios romanos en su reino, Enrique se volvió más compasivo con los protestantes del continente. Durante los siguientes reinados la iglesia de Inglaterra trastabilló entre Roma y Canterbury, bajo las preferencias de monarcas sucesivos, con persecución sangrienta a ambos lados. El "acuerdo" bajo Isabel I condujo a una mezcla única (algunos dirían una típica mezcolanza inglesa o en el mejor de los casos una tregua incómoda) de espiritualidad católica y protestante. Esto ha llevado a una estructura de "paraguas", orgullosa de ser una "familia" inclusiva de quienes apelan a las escrituras (el ala "baja"), la razón (el ala "amplia") o la tradición (el ala "alta") como su autoridad principal. La "alta" llegó a la prominencia en el siglo XIX. El liderazgo estuvo en las manos de la "amplia" en el siglo XX, pero durante la segunda mitad la "baja" se volvió una influencia significativa a nivel de base. El espectro pasa a ser una especie de forma de herradura cuando se trata de normas doctrinales y éticas, con la "alta" y la "baja" más cerca entre ellos que cualquiera de ellos está de la "amplia".

Inevitablemente, una actitud tan inclusiva conduce a la polémica. Ha habido muchas comisiones sobre el matrimonio, el divorcio y el nuevo matrimonio cuando se relajaron las leyes del estado, poniendo presión sobre una iglesia cuya cabeza es el soberano reinante, cuyos obispos son designados por el Primer Ministro (con asesoramiento) y cuyo ritual debe ser aprobado por el Parlamento. Con las presiones políticas de afuera y las diferencias teológicas de adentro, difícilmente sorprenda que haya habido tanta discusión y tan poca convicción con relación a nuestro tema.

En teoría, la "ley canónica" permite a los divorciados volver a casarse en una iglesia parroquial, aunque muy pocos pastores llegan a hacerlo, y muchos piden la aprobación o desaprobación del obispo. La mayoría se rehúsa a conducir la ceremonia, pero ofrecen un servicio de "oración y dedicación después del matrimonio civil" (a menudo llamado coloquialmente un servicio de "bendición") para ser usado luego de una boda en un registro civil (u otra oficina autorizada). A muchos no anglicanos les parece transigencia, aun hipocresía. Si Dios puede bendecir el matrimonio, ¿por qué no puede bendecir la ceremonia? Si no puede bendecir la ceremonia, ¿cómo puede bendecir el matrimonio? El hecho es que es solo la "bendición de la iglesia", lo que deja a todos contentos y las conciencias de las parejas y el clero limpias.

2. LIBRES
Libres de restricciones políticas y en algunos casos también libres de un control centralizado, las iglesias "libres" han estado, por lo general, más dispuestas a cambiar y "adaptarse" a los desarrollos sociales. También parecen haber estados libres para aceptar el fruto del Iluminismo en la teología alemana, la "alta crítica" de las escrituras que cuestionaron su fuente y contenidos sobrenaturales. (La "baja crítica" estaba limitada a la búsqueda del texto original más preciso comparando las copias manuscritas sobrevivientes.) Así que el "liberalismo" invadió muchos púlpitos de la iglesia libre.

Un resultado fue una cada vez mayor disposición para volver a casar a divorciados, al principio solo los que eran considerados como la parte "inocente" pero luego a los "culpables" también. Se afirma que hacer lo contrario sería convertir al divorcio en el pecado imperdonable y sería contrario a la compasión y el perdón divinos.

Cada vez más iglesias tienen cursos de "recuperación del divorcio" que buscan ayudar a las personas a superar lo que es un trauma comparable a la muerte de un ser querido; pero la cuestión del nuevo matrimonio recibe respuestas variables o ambiguas.

En EE. UU., donde todas las iglesias son "libres", el divorcio y el nuevo matrimonio son tan frecuentes dentro como fuera de las iglesias, aun entre los evangélicos que dicen creer en la Biblia y seguirla, pastores y miembros por igual.

En África, los anglicanos, que son a la vez autónomos y autóctonos, tienden a ser más conservadores e impacientes con la ambigüedad en otras partes del anglicanismo.

Todo esto subraya la diversidad de creencia y práctica dentro del cuerpo de Cristo. Los historiadores deben estar arrancándose los cabellos por la reseña incompleta y simplificada de dos mil años, pero ha sido suficiente para demostrar que confiar en la iglesia como la guía infalible de alguien es un ejercicio erróneo y engañoso, especialmente cuando parece estar siguiendo el espíritu de la época más que al Espíritu Santo y las escrituras inspiradas por él. Es contra este trasfondo que debemos formular lo que deberíamos estar diciendo a nuestra generación.

8

LO QUE DEBERÍAMOS DECIR NOSOTROS

Este capítulo está escrito principalmente para predicadores, maestros, consejeros, padres y, por cierto, todo el que tiene la responsabilidad de transmitir normas éticas cristianas. La ignorancia debe no debe ir más allá de sus puertas.

Antes de considerar *lo* que necesita ser comunicado, debemos considerar la cuestión de *cuándo*. Demasiado a menudo el tema no se plantea hasta que surge en una situación personal y altamente emocional, cuando muchos sienten que es demasiado difícil o aun demasiado tarde para intervenir.

Por lo tanto, es vital que sea parte del plan de enseñanza regular, especialmente en los púlpitos o plataformas de las iglesias. La forma menos ofensiva de hacer esto es mediante la exposición sistemática de los Evangelios sinópticos, donde el tema surge de forma tanto inevitable como natural. La única tentación aquí es referirse a otros Evangelios al mismo tiempo (por ejemplo, al hacer la exégesis de la postura categórica de Marcos poner énfasis en la excepción de Mateo).

Las iglesias cuyo ministerio de enseñanza es más temático, que a menudo tienen diferentes expositores, ¡tienen la tarea más difícil de asegurarse de que esté incluido en el programa y encontrar a alguien dispuesto a tomarlo! Está el problema adicional de estimular la especulación acerca de la razón para introducirlo ("¿por qué ahora?" y "¿para qué?"). Es importante incluir el tema en cualquier programa para adolescentes y jóvenes, el grupo con mayor probabilidad de contemplar el matrimonio. Y especialmente en clases de preparación matrimonial para parejas individuales o grupos de comprometidos (en un tiempo de acuerdos prenupciales acerca de la disposición de bienes "si no funciona"). El divorcio y el nuevo matrimonio están tan ampliamente aceptados ahora como normales que los jóvenes cristianos fácilmente pueden hacer lo mismo a menos que sean advertidos previamente.

Hasta aquí lo que podríamos llamar instrucción general. Hay dos situaciones específicas que requieren una intervención urgente. Los líderes cristianos pueden tratar de evitar la confrontación pero la reprimenda es parte de su llamado (2 Timoteo 4:2; Tito 2:15), aun públicamente (1 Timoteo 5:20).

El primer caso es cuando las parejas cristianas están considerando el divorcio, ya sea porque han dejado de estar enamorados entre sí o porque están enamorados de otra persona. Se les debe decir la importancia de la diferencia entre el amor humano y el divino (*eros* y *agape*), la seriedad de romper los juramentos de pacto ante el Señor y, sobre todo, que los cristianos que se separan deben permanecer solteros el resto de sus vidas o ser reconciliados (1 Corintios 7:11). Sin embargo, ha sido la experiencia del autor que ninguno de estos consejos es probable que tenga efecto sobre quienes han sido enseñados que su salvación nunca correrá peligro (ver mi libro: *Una vez salvo, ¿siempre salvo?*, Anchor Recordings, 2015).

El segundo caso es el más difícil para tratar de todos, donde las parejas ya han seguido adelante, se han divorciado y se han vuelto a casar. Se han planteado muchas razones (¿excusas?) para no intervenir en estas circunstancias, prácticamente diciendo que es "demasiado tarde" para hacer o aun decir algo.

Una, es que todo ocurrió antes que la pareja se hiciera cristiana. Para algunos, entonces, no importa y pertenece al pasado donde "todo está perdonado" y, por lo tanto, es irrelevante para los miembros y los líderes de la iglesia, que son "nuevas criaturas en Cristo". Pero ya hemos señalado que la conversión no cambia nuestra condición de "casado" (o "divorciado"); que Dios está involucrado con todos los matrimonios, sea que ocurran en un jardín (Edén), un registro civil o una iglesia, "cristiano" o no; y que Jesús aplicó sus restricciones sobre el divorcio y el nuevo matrimonio a "todos".

El factor tiempo a menudo es introducido como una circunstancia mitigadora. "Todo ocurrió diez/veinte/treinta/cuarenta años atrás". La suposición es que la responsabilidad por el comportamiento anterior se desvanece gradualmente con el paso de los años. El Día de Juicio final será un impacto para muchos, cuando sus vidas enteras serán revisadas. Los recuerdos y, por lo tanto, las conciencias pueden atenuarse, aunque ambos pueden ser reavivados por un encuentro con la mortalidad. Pero los registros celestiales no pueden ser borrados por nosotros, como quedará en evidencia cuando los libros sean abiertos (Apocalipsis 20:12). Solo Dios mismo puede "borrar" a alguien o algo de sus registros (Éxodo 32:33; Apocalipsis 3:5) que, por supuesto, es el corazón de la buena noticia del evangelio (Jeremías 31:34) para quienes se arrepienten (Hechos 3:19).

Tal vez el argumento más conmovedor para condonar la situación es la consideración de los hijos inocentes. Es decir, cuando el nuevo matrimonio ha producido hijos, que podrían verse afectados gravemente por cualquier cuestionamiento de la legitimidad de la relación de sus padres. Es interesante que quienes plantean esta dificultad raramente parecen tan preocupados por los hijos de matrimonios anteriores que fueron abandonados cuando el divorcio les quitó su vida normal, pero la preocupación por evitar una tragedia adicional de este tipo es comprensible.

A pesar de estas objeciones, es mejor enfrentar la verdad de la situación ahora que cuando todo sea revelado. Mejor ser avergonzado ahora que entonces.

Hablando ampliamente, hay dos enfoques en la orientación a los que ya están del lado equivocado de la norma del Nuevo Testamento: precedente y principio. El primero tiende a ser legalista; el segundo, en realidad, es más amoroso.

PRECEDENTE

El derecho consuetudinario inglés está basado mayormente en precedentes. Los abogados de la acusación y la defensa a menudo recurren a juicios anteriores al presentar su caso, esperando un veredicto similar. Cada juicio es agregado al enorme reservorio de registros para referencias futuras. La capacitación de un abogado involucra memorizar ejemplos relevantes.

Este enfoque puede ser transferido inconscientemente de la esfera legal a la moral. ¿Qué han hecho otros, especialmente si "se salieron con la suya" y no han sufrido ninguna mala consecuencia? "Si otros lo han hecho, también yo puedo".

Cada vez que este autor ha dado un seminario para clérigos, ministros o pastores sobre este tema del divorcio y el nuevo matrimonio, las preguntas han sido dominadas por historias de circunstancias individuales, a veces bastante largas, que finalizan con: "¿qué haría usted en este caso?". Me he dado cuenta hace mucho tiempo que están esperando un precedente que luego pueden citar, ya sea de mi sabiduría, experiencia y conocimiento, o de los demás. Lo que quieren es un compendio de historias de casos que luego pueden rebuscar para encontrar una situación paralela, y cómo fue tratada, que luego pueda aplicarse a sus propios problemas pastorales. ¡Es tanto más fácil copiar la práctica de otros que elaborar la propia!

Esto es lo que los judíos han hecho en documentos como la Midrás, el Talmud y los Targums. Aun en el tiempo de Jesús habían ampliado el día de reposo en docenas de requisitos detallados y aplicaciones precisas, que él clasificó como "tradiciones humanas". Si los cristianos hicieran lo mismo, ¡sería un volumen a la vez extenso y costoso!

Hay muchos factores variables en cualquier divorcio. ¿Quién tomó la iniciativa, el esposo o la esposa? ¿Eran ambos creyentes, ninguno o uno solo? ¿Cuáles fueron las *verdaderas* razones de la ruptura (a menudo más de una)? ¿Quién fue la parte inocente (un tema no tan sencillo como parece)? ¿Fue hecho en ignorancia o en desobediencia? ¿Había hijos involucrados? ¿Fue un primer, segundo o tercer matrimonio? ¿Qué edad tenían? ¿Cuánto hace que ocurrió? ¿Pusieron otros presión sobre ellos para separarse o mantenerse juntos? Se podrían hacer preguntas similares acerca del nuevo matrimonio luego del divorcio.

Las complejidades de cada situación han llevado a algunos consejeros a adoptar una actitud "relativista", tratando cada caso en base a sus propios méritos (o deméritos), y recomendando el curso que consideran mejor o el "menos malo" dadas las circunstancias. Esta flexibilidad ha recibido apoyo teológico de la "ética situacional" de Fletcher, basado en la premisa de que "el amor es el único absoluto" en la conducta cristiana. Esto reduce los problemas a la simple cuestión de cuál es la solución más amorosa para todos los involucrados. Por supuesto, ¡depende de lo que significa "amor"! El peligro de este enfoque es que desciende del nivel escritural al nivel sentimental.

El hecho es que el Nuevo Testamento no contiene un solo precedente, ni siquiera en el caso de la mujer en el pozo de Samaria, ¡qué pide a gritos más información! Podemos deducir que Dios no quiso que manejáramos este tema de esa forma, porque si no hubiera incluido algunos ejemplos para nosotros.

En el extremo opuesto están quienes creen que cada situación es única y diferente de las demás. Por lo tanto, no hay ninguna "fórmula" para el consejo que hay que dar, así como no hay ningún paralelo exacto que pueda citarse. Lo que se requiere es *sabiduría*. Pero hay dos clases de sabiduría. La sabiduría humana viene de adentro, ha sido obtenida de la larga experiencia y por lo general sugiere la *mejor* cosa a hacer en una situación dada. La sabiduría divina viene de arriba (Santiago 3:17), puede ser inspirada inmediatamente como una "palabra de sabiduría" (1 Corintios 12:8) y se centra en la cosa *correcta* que debe hacerse en una situación dada. Por lo tanto, está relacionada más directamente con principios morales, que deben ser aplicados en todas las circunstancias. Ser "sabio" de esta forma es saber cómo aplicarlos, nunca cómo evitarlos, para lo cual el adjetivo "listo" es más apropiado.

PRINCIPIO

Hay cuatro de estos "principios" que deben ser aplicados a quienes ya se han divorciado y vuelto a casar, a saber: pecado, arrepentimiento, perdón y disciplina. Los primeros tres son en esencia asuntos individuales y el último, colectivo.

1. PECADO

El vicio es, principalmente, algo malo que nos hacemos a nosotros mismos; el crimen es principalmente algo malo que hacemos a otros; el pecado es principalmente algo malo que hacemos a Dios. Es la elección de seguir nuestra propia voluntad en vez de someternos a la suya. Es desafiar sus normas morales y definir nuestras propias normas. Es "no alcanzar" la perfección divina. Aceptando definiciones bíblicas, pocos cuestionarían la conclusión bíblica de que "no hay un solo justo, ni siquiera uno" (Romanos 3:10) y que "todos han pecado" (Romanos 3:23).

Darnos cuenta de esto no es algo natural para nosotros. Somos expertos en excusarnos (justificarnos) y culpar a los demás. Necesitamos la ayuda tanto de las escrituras como del Espíritu, despertando nuestra conciencia, para ser persuadidos (convencidos). Ésta es una razón por la que Dios dio sus leyes a Israel: "es el borde recto de la ley lo que nos muestra lo torcidos que somos" (Romanos 3:20, traducido por J B Phillips en *Letters to Young Churches*[7]).

El pecado es romper sus mandamientos, de los cuales el séptimo de "los Diez" prohíbe el adulterio. Sigue un simple silogismo:

El adulterio es pecado.

Jesús dijo que el nuevo matrimonio luego del divorcio es adulterio.

Por lo tanto, esos nuevos matrimonios son pecado.

Pero vivimos en una época de renuencia creciente a llamar "pecado" al pecado. La frase "vivir en pecado" ya no es "políticamente correcta" y se ha convertido en "convivir con una pareja". ¿Por qué es tan ofensivo el "pecado"?

Por una parte, nos recuerda a Dios. Es una de sus

---

[7] En español, *Cartas a iglesias jóvenes*.

palabras, no una nuestra. Nosotros vemos las flaquezas humanas como debilidades o errores. Él las ve como pecados contra él y su creación.

Por otra parte, nos recuerda al juicio. Un día rendiremos cuentas ante él por nuestros pecados, porque él es justo y debe castigar a los pecadores. Esto ya no es un pensamiento aceptable. La "retribución" ha sido reemplazada por "rehabilitación", excepto en los crímenes inhumanos más extremos. Las "cárceles abiertas" (un oxímoron si alguna vez lo hubo) comienzan a parecerse a campamentos de vacaciones con pensión completa. Y, en cuanto al infierno eterno, ¿cómo podría el peor de los pecadores merecer eso?

Así que llamar a algo "pecado" es ofensivo, pero hasta tanto una conducta sea reconocida como tal, el evangelio no puede ser aplicado ni apreciado. Es solo una buena noticia luego de que sea una mala noticia (Romanos 1-3 viene antes de los otros capítulos). Solo cuando este primer principio ha sido entendido podemos pasar al segundo:

2. ARREPENTIMIENTO

En nombre de la "gracia gratuita", algunos están enseñando ahora que el arrepentimiento no es esencial para la salvación y, por lo tanto, no es esencial para el perdón de los pecados. ¡Deben tener problemas con el lugar destacado que ocupa en el Nuevo Testamento! Tanto Juan como su primo Jesús llamaban a las personas a "arrepentirse y creer". El primer sermón de Pedro el día de Pentecostés dijo a los oyentes que debían "arrepentirse y ser bautizados". Pablo dijo a los atenienses que Dios ahora ordenaba a todas las personas en todas partes a arrepentirse.

Pero, ¿qué significa "arrepentirse" en realidad? Sin duda comienza por el *pensamiento*, literalmente un cambio de mente. Ver los pecados desde el punto de vista de Dios, odiar al pecado como él lo hace, es un cambio de perspectiva radical. Una convicción de este tipo conduce a la confesión, expresando la pena y el remordimiento en *palabras*. Pero el arrepentimiento es más que sentir pena o aún decir que está apenado, y para ser verdadero y auténtico se mostrará en *acciones*, un cambio de estilo de vida. Juan el Bautista exigió "frutos que demuestren arrepentimiento" y dio ejemplos prácticos (Lucas 3:7-14). Pablo esperaba que sus conversos demostraran su arrepentimiento por sus acciones (Hechos 26:20). ¡Ojalá que todos los evangelistas exigieran lo mismo hoy!

Así como la fe sin acción está muerta y no puede salvar (Santiago 2:14-26), el arrepentimiento es lo mismo; ambas son cosas para *hacer*. El arrepentimiento involucra un cambio en la dirección en la vida, un giro en u, alejándonos del pecado y dirigiéndonos hacia Dios. Sus acciones serán a la vez negativas y positivas.

Las acciones positivas de arrepentimiento involucran corregir todo lo que pueda corregirse. Lo llamamos "restitución". Va de disculpas a los que han sido ofendidos, al pago de deudas, a la confesión de crímenes a la policía. Trae paz a la conciencia y hasta alegría al corazón.

Las acciones negativas de arrepentimiento involucran la renuncia y la reforma. Esto significa abandonar todo, desde malos hábitos a relaciones incorrectas. Los que piensan que no pueden lograr esto encontrarán que, si han llegado a compartir genuinamente el odio de Dios por el pecado, él les dará su poder para hacerlo y "les concederá el arrepentimiento" (Hechos 11:18). La definición de arrepentimiento de un alumno de escuela es tan buena como cualquiera: "lamentarlo tanto como para no volver a hacerlo".

El Nuevo Testamento contiene duras advertencias para todos los que persisten a sabiendas en una conducta pecaminosa luego de "recibir el conocimiento de la verdad" (Hebreos 10:20-31 es solo uno de tales pasajes). Hay palabras muy fuertes que acompañan estas alarmas. No hay ningún sacrificio disponible para tal desobediencia deliberada (un eco de los sacrificios levíticos, que solo se aplicaban a pecados "no intencionales"; Levítico 4:2,13, 22, 27). El Hijo de Dios ha sido "pisoteado". El Espíritu de la gracia ha sido insultado. La respuesta apropiada a tales consecuencias espantosas es tener miedo de caer "en las manos del Dios vivo" y en el "fuego ardiente" que consume a los que abusan de su generosidad.

Esto nos lleva a nudo mismo del tema que tenemos ante nosotros. ¿Qué deben *hacer* los que ya están divorciados y vueltos a casar? En el caso de todos los demás pecados, la respuesta sencilla es salir del pecado. Tome el octavo mandamiento: "No robarás", que está justo al lado del que prohíbe el adulterio. El Nuevo Testamento apoya la prohibición: "El que robaba, *no robe* más" (Efesios 4:28). Ambos fueron escritos antes de que existiera cualquier estado de bienestar, cuando las familias pobres enfrentaban la opción: robar o morir de hambre o, peor aún, robar o ver morir de hambre a tus hijos. Muchos padres escogían robar, a pesar de las severas sanciones (no hace tanto que en Inglaterra la pena por robar una hogaza de pan era la horca). Para que un creyente orara la oración que Jesús enseñó a sus discípulo ("danos hoy nuestro pan cotidiano") requería más fe que ahora en el mundo desarrollado, y lo sigue siendo en muchas otras regiones. Pero, para todos los creyentes, ricos y pobres, el robo está descartado. Ganarse el pan es lo correcto, con la esperanza de que sea suficiente para un estilo de vida de dar a los demás, en vez de sacar de ellos (de nuevo, Efesios 4:28).

Sin embargo, hay una extraordinaria renuencia en los líderes cristianos a aplicar la misma lógica a la relación "adúltera" de los divorciados y vueltos a casar. Por extraño que parezca, muchos no tendrían ninguna duda en tratar radicalmente con un caso directo de creyentes que cometen adulterio, diciéndoles que le pongan fin inmediatamente y que vuelvan a su pareja. Al parecer, el divorcio legal seguido por un matrimonio legal ha cambiado la situación por completo a los ojos del Señor, y ha aparecido otra categoría de adulterio ahora, que no necesita ser detenido.

Como mínimo, estas parejas necesitan estar *absolutamente* seguras de que el Señor les ha dado permiso para seguir "viviendo en pecado". El autor ha sido confrontado con varias afirmaciones de que "revelaciones especiales" han dado exención de la enseñanza del Señor. Algunos hasta me dijeron *antes* del divorcio que el Señor les ha dicho que botaran a su esposa y se casen con otra persona que sería una mejor ayuda en el ministerio, solo para recibir mi respuesta: "No sé si llamarlo basura o blasfemia". Estoy preparado para creer que el Dios que hizo las reglas está por encima de ellas y puede cambiarlas. ¡Pero soy escéptico cuando esta libertad para hacerlo está tan alineado con nuestras propias ideas y deseos!

Cada pareja aconsejada se ha convencido de que son una "excepción" a los ojos del Señor, sea por revelación escritural o individual. A tal punto que las excepciones se han convertido en la regla, y lo que Jesús pensó sería una minoría se ha convertido en la mayoría. Esto parece ser un buen punto para presentar en el tercer principio a ser aplicado.

3. PERDÓN

Ésta es la verdad más asombrosa, que Dios mismo está dispuesto a perdonar y olvidar nuestros pecados, a borrarlos de su registro, quitarlos tan lejos de nosotros como el este está del oeste y enterrarlos en el mar más profundo. Las escrituras estiran el vocabulario humano a su límite al describir la maravilla de esto.

Sin embargo, es fácil olvidar que sería totalmente inmoral que un Dios bueno hiciera esto a menos que nuestros pecados ya hubieran sido pagados y su justicia satisfecha, por otro en beneficio nuestro. Y él envió a su propio Hijo para hacer precisamente eso, sufriendo la pena más extrema que el hombre ha ideado jamás para una ofensa, la ejecución prolongada, humillante y atroz mediante la crucifixión. Cada acto de perdón divino está escrito con la sangre de Jesús. El perdón podrá ser gratuito para nosotros, pero fue costoso para él.

No puede decirse demasiado fuerte que ni el divorciado ni el nuevo matrimonio son imperdonables, aunque los cristianos han sido acusados de tratarlos como tales. Hay un pecado "imperdonable", que es llamar la obra de Dios la obra del diablo, llamar a lo bueno malo (¿y a lo malo bueno?) hasta que uno ya no puede discernir la diferencia (ver Mateo 12:22-32). Así que es esencial asegurar a las parejas que se han divorciado y vuelto a casar que el perdón pleno y final está disponible para ellas. ¡Puede ser como si nunca hubiera ocurrido!

Parece haber poca o ninguna renuencia a aplicar este principio. Los consejeros parecen estar demasiado dispuestos a ofrecer este consuelo a los que tienen la conciencia intranquila. Se hace en el nombre del amor de Dios y la compasión de Jesús, ambos parte de la verdad, pero no de toda la verdad. Cuando se los exagera, al costo de otras verdades, se cometen dos errores frecuentemente:

Primero, el perdón queda *aislado*. Por un lado, del pecado, al que ya nos hemos referido. Por otro lado, de la santidad, que es también un elemento esencial en la oferta del evangelio. El perdón no es el fin, sino el medio para un fin. Al permitirnos ser reconciliados con Dios, ha abierto la puerta a la posibilidad (no la inevitabilidad) de volvernos como él, santos como él es santo. Usando terminología teológica, la justificación busca conducir a la santificación, que a su vez conducirá a la glorificación, la meta última de nuestra salvación. Si se entiende y se apropia correctamente, el perdón es solo el principio de "ser salvo" y lleva a muchísimo más, hasta que el proceso esté completado.

Segundo, el perdón se vuelve *incondicional*. El adjetivo no aparece en ninguna parte de las escrituras, pero en las últimas décadas ha quedado atado firmemente al amor de Dios y, por implicación, a su perdón. Se considera que esto significa que no podemos hacer nada para merecerlo (lo cual es cierto) y que no tenemos que hacer nada para recibirlo (lo cual no es cierto). El perdón no se ofrece independientemente de la respuesta humana, porque si no nadie sería "enviado" al infierno (el verbo de la Biblia es "arrojado", como para la basura desechada) y ese fuego espantoso pasa a ser solo una amenaza inexistente.

Así que debemos pasar al cuarto principio, uno que es el más difícil de aplicar a la situación que estamos encarando.

4. DISCIPLINA

Ya hemos discutido lo que las iglesias deberían estar *diciendo* en la enseñanza general. Pero hay otro aspecto a considerar, lo que deberían estar *haciendo* en casos específicos.

La "disciplina" solía considerarse como una de las marcas esenciales de una verdadera iglesia, junto con la predicación de la palabra y la administración de los sacramentos. Esto se aplicaba desde la admisión hasta la exclusión (excomunión), con bastante (ej: reprimenda) entremedio. La iglesia es una familia, y lleva la responsabilidad de disciplinar a sus "hijos", algo que solo es posible donde los "padres" mismos son disciplinados.

Hay muy pocas iglesias que ejercen la disciplina sobre sus miembros en estos días, especialmente en el mundo "occidental". Muchas comunidades contemporáneas ni siquiera tienen una membresía reconocida, así que ni incluyen ni excluyen a personas de ella. La Cena del Señor está abierta a todo el mundo. Y una cantidad cada vez mayor de creyentes no quieren ser encomendados al cuidado de ancianos. Es todo parte de un individualismo más amplio que considera a la religión como un asunto personal y privado. "¿Qué derecho tiene alguien para decirme lo que debo hacer?".

El Nuevo Testamento nos da orientación para nuestra vida colectiva e individual. Tome el ejemplo de la mala conducta sexual en Corinto, donde era un escándalo público que afectaba a la iglesia y el evangelio que predicaba. Un hombre estaba cometiendo incesto con su madre (o, solo posiblemente, su madrastra). Pablo habría actuado él mismo, pero enfrentó a la iglesia con su propia responsabilidad. Y toda la iglesia, no solo los ancianos (un punto vital para evitar tensión entre los líderes y los miembros). Pablo les dijo lo que deberían hacer "cuando se reúnan en el nombre de nuestro Señor Jesús", a saber "entregar a este hombre a Satanás, que podía matar su cuerpo, poniendo fin a su vida pecaminosa pero salvando a su espíritu del juicio futuro" (toda disciplina busca ser redentora). Todo esto está registrado en las escrituras para nosotros (1 Corintios 5:1-12), incluyendo instrucciones más generales acerca de cómo una iglesia debe "juzgar" a creyentes que son sexualmente inmorales, avaros, idólatras, calumniadores, borrachos o estafadores. Los demás no deben asociarse siquiera con ellos, en particular compartiendo una comida. Citando Deuteronomio (17:7; 19:9; 22:21, 24; 24:7), Pablo dice que la comunidad debe "expulsar al malvado". ¡Vaya reducción para algunas iglesias! Hay una segunda parte interesante en Corinto (2 Corintios 2:5-11). El miembro "castigado" ha recapacitado y se ha arrepentido. Pablo les dice que, si bien había sido expulsado por "la mayoría" (debe haber sido sometido a voto en una reunión solo de miembros), todos deben perdonarlo y recibirlo de nuevo a la comunión.

¿Cuántas iglesias seguirían hoy estos procedimientos? El autor recuerda una visita de predicación a otro país donde se encontró con dos iglesias con miles de miembros cada una. El pastor principal de una iba por su tercera esposa, luego de dos divorcios. El pastor y los ancianos de la otra iglesia estaban en el proceso de expulsar a una mujer que estaba decidida a divorciarse y volver a casarse sin ninguna justificación escritural posible. ¿Cuál de las dos cree que estaba causando más chismes, llevando a un escándalo público que podría dañar la reputación de la iglesia? Sí, tiene razón. ¡En qué mundo vivimos!

Idealmente, la iglesia debería estar involucrada desde el principio de las cosas que se ponen mal. Las parejas cuyo matrimonio está en dificultades necesitan apoyo y consejos, aunque esto no siempre es bienvenido. Cuando las cosas han llegado al punto de considerar el divorcio con un posible nuevo matrimonio, el consejo de los ancianos, de la iglesia y de edad, en la comunidad se requiere con urgencia, pero no es buscado frecuentemente. Cuando es todo un hecho consumado, la iglesia igual tiene la responsabilidad de decir y hacer algo al respecto, pero esto se evita a menudo. En una era secular en la que la religión está siendo privatizada, la iglesia se ve tentada a seguirla, con su interferencia en los asuntos domésticos resistida. Es precisamente en asuntos como estos que el compromiso colectivo además de individual con las escrituras es probado severamente. Y debe admitirse que no estamos saliendo de esto de manera brillante. Tal vez este volumen nos ayude con una "revisión" futura.

Solo he encontrado disciplina eclesiástica en este tema en ambos extremos del espectro eclesiástico, a saber entre los Hermanos Libres y los católicos romanos (y los últimos han calificado su postura por la anulación de los votos matrimoniales en algunas circunstancias). La transigencia anglicana de rehusarse a casar divorciados pero bendiciendo su matrimonio luego de que ocurre parece al observador el colmo de la contradicción, si no hipocresía, pero calma las conciencias tanto del clero como de la pareja involucrada.

Parte del problema es la falta de un equipo de ancianos masculinos en muchas iglesias. Si una persona trata de subir el estándar atraerá toda la oposición contra sí. Pero el problema raíz es la falta de valentía para decir: "No", que surge de un mayor temor del hombre que de Dios, y una renuencia a la reprimenda. Cuando una iglesia está luchando por sobrevivir, la perspectiva de perder miembros descontentos se vuelve una amenaza.

Sin embargo, una iglesia que baja sus estándares solo para mantener personas simplemente alienta a los miembros no disciplinados a bajar sus propios estándares, en creencia y en conducta. El método de Cristo era el opuesto exacto: levantaba a las personas para que alcanzaran sus normas altas y santas. Estamos llamados a hacer lo mismo.

Nota al pie del autor
Este capítulo está basado en la suposición de que los lectores ya compartieron mi convicción (que "fornicación" se refiere a la promiscuidad premarital revelada o descubierta *al* momento del matrimonio) o han llegado a concordar conmigo como resultado de mi presentación. En este caso, la excepción de Jesús es comparativamente rara fuera de círculos judíos, lo cual significa que casi todos los divorcios y nuevos matrimonios hoy son ilegítimos a los

ojos de Dios y mi consejo es enteramente apropiado.

Sin embargo, reconozco que la mayoría de los comentaristas y traductores de la Biblia, predicadores y maestros han sostenido una interpretación contraria (que "fornicación" se refiere a adulterio persistente *después* del matrimonio). Por esta razón respeto su opinión, aun cuando no pueda aceptarla. Pero sí me opongo a su uso (¿abuso?) para convertir la excepción en la regla, e insisto en que debe tomarse el máximo cuidado para asegurarse de que ésta es la auténtica razón, fundamento o base del divorcio, y no una excusa, una racionalización. Entonces se aplicará a algunos divorcios, pero muchos, si no la mayoría, seguirán siendo ilegítimos, y a esos debe aplicarse este capítulo.

Completando el título de mi libro, el nuevo matrimonio es adulterio a menos que el cónyuge haya muerto, en cuyo caso cualquiera está completamente libre para volver a casarse y ser bendecido por Dios, la iglesia y todos los demás cristianos, siempre que sea con otro cristiano. Ésta es mi palabra final. El "epílogo" es simplemente otro suceso tomado de mi experiencia.

Gracias por leer todo este libro. Dios lo bendiga y lo guíe a sus propias convicciones, por su nombre. *Amén*.

EPÍLOGO

"Sr. Pawson, ¿nos está acusando de vivir en pecado?". El cuestionamiento vino de una pareja de edad mediana, después de predicar en un teatro colmado, una tarde de calor agobiante.

Había sido una reunión inusual, la única que recuerdo en que, mientras estaba hablando, niñas con bandejas habían pasado por los pasillos vendiendo helados. Había habido una serie de explosiones afuera, pero ante la falta de ninguna advertencia habíamos seguido valientemente, y solo después descubrimos que un depósito cercano de latas y barriles de pintura se había incendiado. El Espíritu me había guiado a hacer un llamado singular al final de mi alocución: que pasaran al frente *hombres* para sanidad. Muchos lo habían hecho.

Ahora, esta acusación me bajó a la tierra de un golpe. Hasta donde puedo recordar, la conversación siguió así. Les dije que nunca los había visto antes, no los conocía y, por lo tanto, no estaba en una posición de acusarlos de nada, solo para que me dijeran: "Pero usted dijo esta noche que todo el que se ha divorciado y vuelto a casar está cometiendo adulterio, y ambos nos hemos divorciado y estamos ahora casados". He dicho cosas como ésas (y las he impreso, como saben) pero no podía recordar haberlo hecho en esa ocasión. Entonces me di cuenta de que había leído todo Lucas 16, incluyendo el versículo 18, antes de hablar, así que dije: "Ése no fui yo; estaba leyendo lo que dijo Jesús".

Entonces abrí mi Biblia e hice que el hombre me lo leyera. He encontrado que es una forma efectiva de quitar la atención sobre mí, hacia donde debería estar para cualquier cristiano, sobre Cristo y su enseñanza. Cuando lo hubo hecho, le pregunté cómo pensaba que estaban ellos en relación con lo que Jesús había dicho, y admitió renuentemente: "Supongo que estamos viviendo en pecado, entonces". Entonces intentó inmediatamente encontrar excusas (recordándome al hombre que "quería justificarse", en Lucas 10:29; ¿no lo hacemos todos?). La primera fue: "Todo ocurrió antes que fuésemos cristianos".

Es sorprendente que alguien pueda pensar que el pecado no es serio cuando no nos damos cuenta que lo es. Pero lo más probable es que estuviera pensando (¿o se le había dicho?) que en la conversión todo el pasado es perdonado y olvidado. Por cierto, la pena puede haberse ido pero las consecuencias permanecen, como nuestro estado marital: soltero, casado o divorciado. Traté de explicar todo esto, pero rápidamente pasó a otra dirección: "¿Acaso Jesús no hizo excepciones?" (¿Era algo que había escuchado?)

Dije: "Sí, hizo una". De nuevo, hice que lo leyera en voz alta, de Mateo 19. Luego de hacerlo, fue lo suficientemente sincero como para confesar que ninguno de ellos calificaba. Ambos se habían divorciado porque se habían enamorado entre sí y querían casarse.

"Así que, ¿qué hacemos ahora?".

Les dije que los cristianos pueden descubrir que algo que habían estado haciendo en realidad estaba apenando al Señor y les pregunté que debía hacerse cuando se dan cuenta de que han estado pecando. La respuesta fue inmediata: "Pedir perdón". "Sí", les dije, "eso viene en segundo lugar, pero se necesita otra cosa primero". No podían adivinar, así que les dije: "Arrepentirse".

"¿Qué significa eso?". Les dije que no era solo decir

que lo sentían, o sentirlo, sino arreglar lo que pudiera arreglarse, y les pregunté si estaban dispuestos a decir al Señor que harían lo que les dijera para arreglar la situación a los ojos de él.

El hombre parecía ansioso y preguntó: "Pero, ¿nos dejará seguir juntos?".

Contesté: "Eso es algo que él debe decir, no yo". (Sabía lo que creía que Jesús les diría, pero quería que lo oyeran de él en vez de mí, no porque fuera renuente a decirlo, sino porque quería fortalecer la relación de ellos con él como su Señor.)

Luego de una larga pausa, la respuesta fue franca: "No, pero ¿quisiera orar por nosotros?".

Dije: "Lo lamento mucho, pero ésta es una oración que deben orar por ustedes mismos, y realmente ser sinceros".

En ese punto me dejaron y no los he visto ni he oído de ellos desde entonces. Sin embargo, me encontré con un hombre una o dos semanas después que resultó ser el pastor de la comunidad de ellos y me saludó diciéndome: "David, no tienes idea lo que has hecho a mi iglesia" que, confieso, me puso a la defensiva.

Me dijo que la pareja que había estado en el teatro ese sábado a la noche se había acercado a él antes del servicio del siguiente domingo y había preguntado si podían compartir algo con la congregación. Les dijo que podrían tener el púlpito y el micrófono luego de que hubiera predicado, suponiendo que querían testificar acerca de una bendición que habían recibido la noche anterior. Él y su congregación fueron tomados de sorpresa.

El esposo dijo que ni él ni su esposa habían podido dormir toda la noche anterior, y les dijo por qué. Habían estado luchando con ellos mismos por lo que se les había dicho. A la madrugada, se habían arrodillado juntos y le dijeron al Señor que ahora estaban dispuestos a ser obedientes a lo que les dijera que hicieran. "Pero", dijo el esposo, "es difícil oír lo que realmente está diciendo porque tenemos tantas ganas que nos diga que podemos permanecer juntos. Así que les pedimos a todos ustedes, nuestros hermanos y hermanas en Cristo, que por favor le pidan en nombre nuestro. Y por favor no teman decirnos lo que sea que les diga".

"No creerás lo que ocurrió entonces", me dijo el pastor. "Por toda la congregación la gente estalló en lágrimas. Entonces se escucharon confesiones de relaciones incorrectas y otros pecados. Muchos oraban en voz alta. El servicio se extendió, pero el tiempo no pareció importar. Es lo más cercano a un avivamiento que hemos visto jamás". Le pregunté si me estaba culpando o agradeciendo por lo que había ocurrido. Me dijo que era toda una nueva experiencia para ellos, y no estaban seguros cómo manejarla, pero estaban agradeciendo al Señor por todo.

Y ahora, querido lector, estoy seguro que querrá saber qué le dijo el Señor a la pareja que hicieran, especialmente si usted tomó este libro porque se encuentra en el mismo tipo de situación que la que tenían ellos.

¡No sé! Me olvidé de preguntar. Simplemente estaba agradecido porque había jugado un papel en llevarlos a un arrepentimiento sincero.

Ahora que lo pienso, estoy algo contento por no haberlo sabido nunca. No tengo que mantenerlo en secreto, que no sería fácil. Porque decirle a usted le daría un precedente para citar y seguir, haciendo que sea innecesario que usted busque el rostro y la voluntad del Señor por usted mismo.

Me preocuparía si este libro lo dejara sin ninguna pregunta. Yo sería un sustituto para su Señor y sería culpable de alentarlo en esa idolatría que los profetas también llaman adulterio.

APÉNDICE

¿HIZO JESÚS ALGUNA "EXCEPCIÓN"?

Desde que se publicó mi libro, un lector ha llamado mi atención a la investigación del Dr. Leslie McFall, un erudito de Cambridge, cuyo escrito de 91 páginas *The Biblical Teaching on Divorce and Remarriage*[8] puede ser descargado de Internet. Ojalá hubiera sabido de esto antes de escribir. Él llega a una conclusión similar (que Jesús prohibió todo nuevo matrimonio después del divorcio, y aun el divorcio mismo), pero por otra ruta. Mi argumento estuvo basado en la palabra "fornicación", mientras que él se ha centrado en la palabra "excepto".

Por supuesto, nadie tiene el texto original griego del Nuevo Testamento. Tiene que ser reconstruido a partir de copias manuscritas posteriores, de los cuales hay ahora miles. El Dr. McFall ha señalado que, en la gran mayoría de estos, Mateo 19:9 no incluye la palabra "excepto", solo la frase "no por fornicación".

La palabra "no" (griego *me*) es una partícula de negación y normalmente indicaría una exclusión más que una excepción. En este caso, Jesús estaba contradiciendo a los maestros judíos destacados de su tiempo, los rabinos Shammai y Hillel, que permitían el divorcio por

---

[8] En español, *La enseñanza bíblica sobre el divorcio y el nuevo matrimonio*.

adulterio (Hillel agregaba otras razones). Estaba diciendo, virtualmente: "ni siquiera por fornicación", aun si esa palabra es usada para cubrir todo pecado sexual, incluyendo el adulterio.

Esto explicaría la respuesta de asombro de los discípulos registrada en Mateo 19:10 (Si no hay ninguna salida del matrimonio, ¡mejor no entrar en él!) Esto sin duda indica que Jesús estaba fijando su propia norma, diferente de y más estricta que sus contemporáneos. También explica por qué siguió señalando que el celibato no era una opción sencilla, a menos que hubiera una razón o un propósito detrás (versículos 11-12).

También encajaría con su repudio de la ley de Moisés (en el versículo 8) que permitía el divorcio (Deuteronomio 24:1 y 3) y su reafirmación de la ley de Dios (en los versículos 4-6), que hacía al matrimonio permanente y para toda la vida, sin ninguna excepción (Génesis 2:24).

Así que, ¿cómo se introdujo la palabra "excepto" en Mateo 19:9 en casi todas las versiones inglesas-españolas de los últimos cuatrocientos años?

La palabra de dos letras para "no" es *"me"*, pero cambia a "excepto" cuando la palabra "si" (griego *"ei"* o *"ean"*) es colocada adelante (*"ei me"* o *"ean me"*). Es un pequeño agregado con resultados radicales, transformando una exclusión en una excepción. Y este cambio ha sido hecho en la versión griega del Nuevo Testamento usada por todos los reformadores protestantes y sus sucesores, que aceptaron la alteración sin cuestionarla y la incorporaron a sus traducciones de la Biblia.

Irónicamente, este texto había sido preparado y publicado por un sacerdote católico romano holandés llamado Erasmo en 1516, justo a tiempo para la Reforma, y ganándole de mano al texto griego oficial católico romano en 1522. Como humanista, tenía una gran compasión por quienes estaban encontrando que el matrimonio era intolerable y encontró dos "resquicios" para ellos en el Nuevo Testamento.

Primero, al agregar la palabra "excepto" a Mateo 19:9, abrió la puerta tanto para el divorcio como el nuevo matrimonio en base a la infidelidad sexual, y de esa forma hizo que Jesús concordara con los rabinos de su tiempo. Segundo, al aplicar "no sujeto" (RVR1960) en 1 Corintios 7:15 al vínculo matrimonial antes que a la atadura de la esclavitud, y al futuro en vez del pasado (para una refutación de este doble error, ver el capítulo 6), estaba abriendo otra puerta para el divorcio y el nuevo matrimonio en base a la deserción por una pareja no cristiana. Al día de hoy, ésta se denomina "la excepción erasmiana".

Ambos desvíos de mil quinientos años de enseñanza y práctica eclesiástica fueron aprovechados por los reformadores protestantes anti-romanos y consagrados en declaraciones de fe posteriores como la Confesión de Westminster. Lo más importante es que han sido incorporados a la mayoría de las traducciones inglesas-españolas de la Biblia, desde Tyndale (1525) en adelante, con "excepto" en vez de "no" en Mateo 19:9 y "no está sujeto" en vez de "no fueron esclavizados" en 1 Corintios 7:15. Al lector se le invita a comparar la Nueva Versión Internacional con los textos griegos de las Sociedades Bíblicas Unidas y de Nestle-Aland en los que está basado. Toda edición interlineal revelará cómo la tradición post erasmiana ha pasado por alto el texto original.

McFall agrega la información interesante de que simplemente no sabemos si los rabinos Hillel y Shammai eran contemporáneos de Jesús. Las referencias retrospectivas a ellos se encuentran en el Talmud, que fue compilado mucho más tarde. Los eruditos han supuesto que Jesús los conocía debido a la frase "por *cualquier* motivo", que era usada por Hillel en contra de la interpretación de Shammai de "algo indecoroso" en Deuteronomio 24:1 como "adulterio solo". Pero es más probable que Jesús tenía su propia interpretación independiente y no que se alineó con ninguno de los lados de esa disputa rabínica.

Falta agregar la opinión del autor al caso de McFall. En una palabra, no estoy convencido. Ciertamente tiene razón al decir que la enorme cantidad de manuscritos griegos primitivos del Nuevo Testamento no contienen la palabra "excepto" en Mateo 19:9, y dicen simplemente "no por fornicación". Pero si el negativo "no" debe considerarse que significa "si no" o "ni siquiera" está, supongo, abierto al debate. El hecho de que Mateo 5:32 tiene "excepto" (o, más bien, el griego dice literalmente "aparte de") podría apoyar un significado similar en 19:9; pero también podría indicar una adaptación de un texto posterior para conformarse al primero. De una cosa estoy seguro. Construir el punto de vista de alguien sobre un tema tan vital sobre un solo versículo, y uno cuyo significado es algo ambiguo, sería un error. Puesto de otra forma, un versículo que es de cualquier forma *oscuro* debe ser sopesado contra otros sobre el mismo tema que son bastante *claros* (en este caso, Marcos 10:11-12; Lucas 16:18).

Con otro de los argumentos de McFall concuerdo plenamente. Él apunta a las escrituras que enseñan que si no estamos dispuestos a perdonar a otros no podemos esperar ser perdonados nosotros (Mateo 6:14-15; 18:23-25). Esto debe aplicarse sin duda cuando los cónyuges casados pecan contra el otro, incluyendo el adulterio, si bien debemos agregar la frase crucial "si se arrepiente" (Lucas 17:3). Para ser prácticos, la separación podría ser la única solución posible en circunstancias excepcionales (por ejemplo, abuso o crueldad extremas), pero recurrir al divorcio es acusar a un cónyuge de cometer un pecado imperdonable, ya sea entonces o en cualquier momento en el futuro. El único pecado de esa clase en las escrituras no tiene nada que ver con el sexo o el matrimonio (Mateo 12:32). Por lo tanto, divorciar a la pareja es poner el propio perdón en peligro. Para la gracia no existe tal cosa como un matrimonio "imposible". La puerta del arrepentimiento que conduce a la reconciliación siempre debe mantenerse abierta. El divorcio, y aún más, el nuevo matrimonio, la cierran. Así que el Dr. McFall y yo coincidimos en que el divorcio y el nuevo matrimonio son contrarios a la voluntad de Dios, tanto para el creyente como para el no creyente, aun cuando hayamos llegado a la misma conclusión por caminos diferentes.

Libros de David Pawson disponibles de www.davidpawsonbooks.com
A Commentary on the Gospel of Mark
A Commentary on the Gospel of John
A Commentary on Acts
A Commentary on Romans
A Commentary on Galatians
A Commentary on 1 & 2 Thessalonians
A Commentary on Hebrews
A Commentary on James
A Commentary on The Letters of John
A Commentary on Jude
A Commentary on the Book of Revelation
By God, I Will (The Biblical Covenants)
Angels
Christianity Explained
Come with me through Isaiah
Defending Christian Zionism
Explaining the Resurrection
Explaining the Second Coming
Explaining Water Baptism
Is John 3:16 the Gospel?
Israel in the New Testament
Jesus Baptises in One Holy Spirit
Jesus: The Seven Wonders of HIStory
Kingdoms in Conflict
Leadership is Male
Living in Hope
Not as Bad as the Truth (autobiography)
Once Saved, Always Saved?
Practising the Principles of Prayer
Remarriage is Adultery Unless....
Simon Peter – The Reed and the Rock
The Challenge of Islam to Christians
The Character of God
The God and the Gospel of Righteousness
The Lord's Prayer
The Maker's Instructions (Ten Commandments)
The Normal Christian Birth
The Road to Hell
Unlocking the Bible
What the Bible says about the Holy Spirit
When Jesus Returns
Where has the Body been for 2000 years?
Where is Jesus Now?
Why Does God Allow Natural Disasters?
Word and Spirit Together
Unlocking the Bible

Está también disponible en formato de DVD de
www.davidpawson.com

En español:

Abramos la Biblia: El Antiguo Testamento
Abramos la Biblia: El Nuevo Testamento
El nacimiento cristiano normal
Cuando vuelva Jesús
Una vez salvo, ¿siempre salvo?
Jesús: Las siete maravillas de su historia

www.ingramcontent.com/pod-product-compliance
Lightning Source LLC
Chambersburg PA
CBHW071706040426
42446CB00011B/1939